„Mit Spaß zum Lernerfolg"
Konzentrationstraining für Kinder

Literarische Information der Deutschen Nationalbibliothek:

Die Deutsche Nationalbibliothek speichert diese Abhandlung in der deutschen Nationalbibliographie. Ausführlich literarische Daten sind im Internet über https://www.dnb.de/ zu finden.

2. Auflage 2021

ISBN: 9-798-50748083-8

js

Sonja & Alexander Uhlmann

„Mit Spaß zum Lernerfolg" Konzentrationstraining für Kinder

Weit über 100 geniale Konzentrationsspiele und praxiserprobte Übungen für mehr Lernerfolg – Ideal für Schulkinder von 5 bis 13 Jahren

Inhalt

„Es ist keine Schande, nichts zu wissen, wohl aber, nichts lernen zu wollen."

- Sokrates -

Vorwort

„Konzentration ist zielgerichtete Motivation."

-Andreas Tenzer -

Die Stoßgebete aller Eltern, die sich wünschen, dass ihre Kinder doch nur ein einziges Mal so richtig konzentriert auf eine Sache ausgerichtet wären, sind so vielzählig wie es Eltern auf der Erde gibt. Doch ist der Mangel an Konzentration ein immer größer werdendes Problem, das nicht nur die Eltern beschäftigt, sondern auch Erzieher und Lehrer müssen sich vermehrt mit dieser Problematik auseinandersetzen. Hat man sich früher sogar in Form eines Buches über den Zappelphilipp lustig gemacht bzw. zum Nachdenken angeregt, so ist das Ganze heute kein Spaß mehr. Heute ist die Zahl der unruhigen, unkonzentrierten Kinder so stark angestiegen, dass sie mit den Konzentrierten fast gleich auf sind. Dass sie dabei als Störfaktor für die Konzentrierten dastehen, ist ihnen nicht nur egal - sie merken es nicht einmal. Für sie ist ihre kleine Welt in Ordnung. Die Eltern sehen dies natürlich ganz anders. Für sie sind unkonzentrierte Kinder ein Problem.

Wollen oder können sie sich nicht konzentrieren? Diese Frage haben sich vermutlich alle Eltern schon einmal gestellt. Man sollte jedoch nicht ganz so hart mit den Kleinen umgehen, denn auch die Konzentrationsfähigkeit muss mühsam erlernt werden. Was für das eine Kind ganz einfach ist, ist für das andere eine der schwersten Übungen der Welt. Allerdings kann man davon ausgehen, dass es nur deshalb so schwierig ist, weil nicht alle Komponenten, die für eine gute Konzentration notwendig sind, beachtet wurden.

Sicherlich gibt es Kinder, die aus unterschiedlichen physischen und psychischen Gründen Probleme mit dem Thema Konzentration haben. Allerdings können die meisten bis zu einem bestimmten, individuellen Punkt unterstützt werden, sodass der Mangel an Konzentration sich in ein individuelles Maß an Konzentration ändert. Und damit ist schon einmal viel gewonnen.

Eltern, die ihren Kindern in diesem Punkt helfen möchten, brauchen einerseits viel Geduld und Disziplin, andererseits brauchen sie einfache, umsetzbare Instrumente und Übungen an der Hand, sodass sie die Kinder „einfangen" und mit Hilfe dieser Übungen in die richtige Richtung bewegen können.

Wichtig ist zudem: Aufgeben ist keine Option!!!
Ja, es wird einige Zeit dauern, bis ein bleibender Erfolg zu verzeichnen ist. Aber was solls? Ist dieser Knoten einmal geplatzt, kann das Kind wahrlich alles erreichen. Und mehr wünschen wir Eltern uns doch gar nicht für unser Kind.

In der heutigen Zeit werden die Diagnosen „ADS" und „ADHS" wahnsinnig gerne gestellt. Stellen Sie sich im Gegenzug aber einmal die Frage, ob es in Ihrer Kindheit auch so viele diagnostizierte Kinder gab? Sind „ADS" und „ADHS" nicht eine Form, sich nicht dem Raster, den Vorgaben der Gesellschaft fügen zu müssen? Eine Ergotherapeutin hat es einmal so schön ausgedrückt: „Um mit „ADS", „ADHS" und vor allem „LRS" diagnostiziert zu werden, ist eine recht hohe Intelligenz notwendig. Genau genommen finden diese Kinder die

Schlupflöcher, die es bedarf, um gewisse Lektionen nicht lernen bzw. anwenden zu müssen.". Bevor Sie Ihr Kind auf eine dieser „Erkrankungen" testen lassen, überprüfen Sie die Konzentrationsfähigkeit und die geistige und körperliche Auslastung. Vielleicht ist das Kind über- oder unterfordert oder ganz einfach noch nicht mit den richtigen, den passenden Aufgaben ausgefüllt. Wir machen vieles, „weil es ja alle so machen". Nicht alle Kinder können in dieses Schema eingeordnet werden. Gerade in jüngsten Jahren sollte man noch nicht zu viel Individualität in den Vordergrund stellen. Sicherlich ist sie vorhanden.

Mit diesem Buch können Sie Ihrem Kind, egal welchen Weg es einschlägt, mit vielen Übungen helfen, die Konzentration zu erlangen, um alle Ziele zu erreichen, die es sich gesetzt hat.

Teil 1: Theorie

Holen Sie bitte erst einmal tief Luft! Nichts ist für Eltern schlimmer als gesagt zu bekommen, dass man ein unruhiges, unkonzentriertes Kind hat, das alle Spiele stört, Unruhe in die Gruppe bringt und das sich überhaupt nicht konzentrieren kann / mag und deshalb von der Bastelstunde ausgeschlossen wurde! PENG! DAS sitzt. Sofort macht man sich fürchterliche Gedanken. „Mit meinem Kind scheint etwas nicht zu stimmen. Alle anderen können es doch auch.“ HALT – STOPP! Dies ist eine Falle. Vergleichen Sie Ihr Kind NIEMALS mit anderen Kindern. Jedes ist ein Individuum. Keines hat exakt die gleichen Potenziale wie die anderen. Warum sollten sie sich also gleich verhalten? Wer weiß denn schon, was das Kind dazu gebracht hat, sich so zu verhalten? Haben Sie mit dem Kind schon gesprochen? Nein – dann ist genau dies der nächste Schritt.

Sprechen Sie einerseits mit dem Kind. Parallel aber sollten Sie sich die Theorie zum Thema Konzentration schon einmal zu Gemüte führen, denn bevor dem Wunsch der Erzieher, der Lehrer nachgekommen werden kann, das Kind auf „ADS“ oder „ADHS“ testen zu lassen, sollte geschaut werden, ob es nicht andere Wege gibt, die Konzentrationsfähigkeit des Kindes zu erhöhen. Vielleicht muss es nur einen Weg finden, die Konzentration toll zu finden, dann klappt es auch mit dem Basteln und dem ruhigen Spiel in der Gruppe. Wie aber so oft, steht am Anfang die Theorie, denn ohne die ist man vielen falschen Aussagen ausgeliefert.

Was versteht man unter Konzentration

Unter Konzentration wird die Fähigkeit verstanden, sich geistig sammeln zu können. Damit geht die Möglichkeit einher, seine gesamte Aufmerksamkeit willentlich auf eine konkrete Tätigkeit, auf eine bestimmte Aufgabe oder Ähnliches zu konzentrieren.

Natürlich ist dies eine Fähigkeit, die nicht in vollem Ausmaß angeboren ist. Sie muss im Laufe des Lebens immer weiter ausgebaut werden. Inwieweit dies möglich ist, hängt von verschiedenen Genen ab. Die Erfahrungen der betroffenen Personen sind ebenso für diese Erfolge, wie die Lerngeschichte zuständig.

Sind diese Potenziale gut ausgeprägt, fällt es leicht…

- …uns konkreten Dingen, Sachverhalten und Aufgaben zu zuwenden
- …einzelne Reize aus der Umgebung herauszufiltern
- …konkrete, aber auch unterschwellige Ablenkungen auszublenden
-

Für viele Eltern stellt sich an diesem Punkt die alte Frage, ob Konzentration und Aufmerksamkeit denn ein und dasselbe sind. Diese Frage kann aber getrost verneint werden. Jedoch gehören sie eng zusammen. Die Konzentration wird „lediglich" als ein Teil der Aufmerksamkeit betrachtet. So gilt Derjenige als konzentriert, der über einen längeren Zeitraum eine Aufgabe oder einen Gegenstand in den Fokus nehmen kann. Bei einem Kleinkind zeigt sich dies etwa in der

Vertiefung in ein Puzzle, dem Zusammenbauen einer Lego-Figur und dem dazugehörigen Spiel oder beim Schulkind mit der Erledigung der Hausaufgaben.

Gerade in den letzten Jahren konnte man feststellen, dass die Konzentration immer mehr in den Mittelpunkt rückt. Ablenkungen unterschiedlicher Art lauern förmlich überall. Gerade die Generation „Smartphone" kann ein Lied davon singen. Doch auch im Kindergarten und in der Schule ist es für die Kinder eine große Herausforderung, sich auf das eigene Tun zu fokussieren, anstatt den anderen bei etwas zuzuschauen, was einem ebenfalls sehr interessant, einfach faszinierend und einnehmend erscheint. Genau deshalb ist es wichtig zu wissen, wann die Konzentration noch erhalten ist und wann von einem Hin- und Herspringen zwischen den Spielen und Aufgaben die Rede ist.

Zur eigentlichen Konzentration, die mit der Aufmerksamkeit einhergeht, wird auch noch die so genannte Vigilanz (*Zustand erhöhter und dauerhafter Reaktionsbereitschaft und Wachsamkeit*) hinzugezählt. Nun mag man sich fragen, welche Art von Wachsamkeit es denn sein soll. Versetzen wir uns zurück in die Zeit der Jäger und Sammler in der Steinzeit. Sie mussten förmlich ALLES im Blick behalten, um überleben zu können. Jedes verdächtige Rascheln, ein vermeintlich unauffälliges Geräusch, eine verwischte Fährte – Vieles konnte ein Hinweis sein. Würde man diesen übersehen, hätte dies verheerende Folgen haben können. Auch wenn in der heutigen Zeit diese Problematik nicht mehr vorhanden ist, haben Kinder mit einer hohen Vigilanz ebenfalls so ihre Schwierigkeiten, denn sie nehmen quasi alles in ihrem Umfeld auf und haben somit extrem hohe Ablenkungsquoten. Dem kann mit einer guten Konzentrationsfähigkeit gut entgegengewirkt werden.

Die Faustformel der Konzentration

Seien wir ehrlich: Die Aufforderung „Nun konzentrier' Dich endlich." hat wohl noch nie so richtig funktioniert, oder? Das war früher schon so und hat sich bis heute wohl nicht geändert. Dazu sollte man allerdings auch wissen, dass die Zeitspanne, über die sich ein Kind gut konzentrieren kann, zum einen von den persönlichen Fähigkeiten, zum anderen aber vom Alter abhängt. Zudem sind es aber meist die Umstände, die nicht stimmig sind, wenn sich das Kind nicht lange konzentrieren kann. In der Schule kann dies etwa das Flüstern der anderen Schüler sein oder jemand, der dauernd etwas in seinem Schulranzen sucht. Fußescharren geht ebenfalls überhaupt nicht. Und doch müsste das Kind damit zurechtkommen können.

Nur um es einmal ganz konkret festzuhalten: Niemand ist in der Lage sich dauerhaft zu konzentrieren. Zudem ist das Alter ein wichtiger Faktor. Mit seiner Hilfe kann die maximale Konzentrationsdauer festgestellt werden. Ist dieser Zeitraum beendet, muss unbedingt eine Pause eingelegt werden, damit sich das Gehirn „entspannen" und auf die nächste Konzentrationsphase vorbereiten kann.

Das Alter des Kindes X 2 = Die maximale Konzentrationsdauer in Minuten

Diese Gleichung besagt, dass sich ein 6-jähriges Kind gut 12 Minuten voll konzentrieren kann. Demnach würde sich ein 15-jähriges 30 Minuten voll konzentrieren können.

Es wird sofort deutlich, dass diese Tatsache nicht angewandt werden kann. Was in der Grundschule noch gut durchgeführt werden kann, wird sich spätestens auf der weiterführenden Schule in Luft auflösen, denn bereits in der 5. Schulklasse werden Lernnachweise geschrieben, die definitiv länger als 20 – 22 Minuten andauern. Dies wäre aber die maximale Konzentrationsdauer von 10-11-jährigen Schülern. Kein Wunder, dass es ihnen schwerfällt, Lernnachweise zu schreiben, für die sie sich rund 60 Minuten konzentrieren müssen. Somit ist es auch kein Wunder, dass viele Kinder in der 5. Klasse einen regelrechten Leistungsabsturz verzeichnen. Dies liegt nicht allein am Schulwechsel, vielmehr an einer Anforderung, die sie in bestimmten Fällen nicht erfüllen können.

In vielen Grundschulen wird in der ersten und manchmal auch noch in der zweiten Klassenstufe nach definierten Zeitpunkten eine zusätzliche Pause eingelegt. So kann sich das Gehirn erholen. Es ist aber dabei darauf zu achten, dass Smartphones, I-Pods, Laptops und natürlich Spielkonsolen ausgeschaltet bleiben. Dies gilt auch für Lernpausen zu Hause bzw. bei den Hausaufgaben.

Konzentrationsschwächen erkennen

Wer kann von sich schon behaupten, dass er niemals Konzentrationsschwäche hat oder gehabt hätte. Allerdings muss man auch gleich dazu sagen, dass es unterschiedliche Gründe dafür gibt. Trotz vorheriger, guter Arbeit kann es von einer Sekunde auf die andere passieren, dass die ganze Konzentration dahin ist und dann sollte möglichst eine Pause eingelegt werden.

Wie erkenne ich bei meinem Kind eine Konzentrationsschwäche? Nun, das Kind ist schnell abgelenkt oder macht Flüchtigkeitsfehler, die es in der optimalen Konzentrationsphase niemals machen würde. Die Kinder, die Löcher in die Luft schauen oder so tun, als würden sie die Arbeitsaufforderung des Lehrers, des Erziehers gar nicht hören, sind uns natürlich auch bekannt. Und vergessen wir nicht die Vertreter, die sehr aufmerksam zuhören und in der nächsten Sekunde bereits alles vergessen haben.

Gehen wir von der optimalen Konzentrationszeitspanne aus (Alter x 2 = Konzentrationsspanne in Minuten), ist diese bei Konzentrationsstörungen erheblich verkürzt. Sprich, das Kind kann sich nur für einen minimalen Zeitraum konzentrieren und ist dann bereits wieder mit anderen Dingen beschäftigt. Dies kann bereits bei den Kleinsten beobachtet werden, auch wenn sie die Sache mit der Konzentration ja erst noch lernen müssen.

So kann etwa beobachtet werden, dass sich das Baby mit dem Spieletrapez über dem Bett noch intensiv und „ausdauernd" beschäftigt. Sobald es aber laufen kann, ist die Welt viel zu interessant, um bei einem einzigen Thema zu verweilen. Es hüpft regelrecht von einer neuen Entdeckung zur anderen. Das ist anfänglich schon in Ordnung, muss sich dann aber irgendwann auch legen.

An diesem Punkt kommt die Unterstützung der Eltern ins Spiel, die sich etwa mit dem Kind auf dem Schoß ein Buch anschauen oder die ersten Farbkarten anschauen. Auch Steckspiele können auf diese Weise gut erlernt werden. Wichtig ist, dass SIE dem Kind zeigen, dass die Konzentration, die genau jetzt gefordert ist, eigentlich gut erträglich ist und somit leicht durchgehalten werden kann.

Mit einem recht einfachen Vorgehen können Sie prüfen, ob es „nur" eine Entwicklungsphase ist oder ob das Kind tatsächlich eine Konzentrationsstörung hat: Sprechen Sie es an, während es malt, schreibt oder liest. Ein Kind, das über die volle Konzentration verfügt, wird weiter seiner Tätigkeit nachgehen. Vielleicht wird es antworten, während es weiter malt, schreibt oder liest. Vielleicht wird es aber auch aufblicken, den Stift zur Seite legen und nun mit Ihnen reden. Im letzteren Fall kann bereits auf eine Konzentrationsstörung geschlossen werden.

Vergessen Sie aber eines nicht: DIES ist eine der berühmten Momentaufnahmen. Es könnte also auch sein, dass das Kind einfach nur höflich sein möchte und Ihnen die ganze Aufmerksamkeit zuwenden will. Wiederholen Sie diesen Test über eine Woche verteilt ruhig bei unterschiedlichen Tätigkeiten. Dann können Sie sich sicher sein.

Ursachen und Lösungsansätze für unkonzentriertes Verhalten

Als Eltern macht man sich irgendwie immer gleich Sorgen und fragt sich, was gerade falsch läuft? In den meisten Fällen ist eine klare Ursache dafür verantwortlich. Wir müssen sie nur erkennen. Eines aber sollten Eltern nicht tun: Aus den Augenwinkeln die anderen, gleichaltrigen Kinder beobachten und das eigene Kind mit ihnen vergleichen! Außer vielen traurigen Momenten bringt dieses Vorgehen nämlich überhaupt nichts. Im schlimmsten Fall setzen Sie nur Ihr eigenes Kind unter Druck, was dem Problem überhaupt nicht zuträglich ist.

Also: Tief durchatmen und sich das Ganze in Ruhe anschauen.

Schlafmangel

Haben Sie auch eines von den Kindern zu Hause, die so stark an der Welt interessiert sind, dass sie einfach „keine Zeit“ zum Schlafen haben? Schlafmangel ist ein großes Problem. Wir Erwachsenen kennen es ja auch. Kaum haben wir einige Nächte nacheinander nicht gut oder zu wenig geschlafen, sind wir zerstreut, die Konzentration sinkt auf ein Minimum. Kindern geht es da nicht anders.

Achten Sie also diesbezüglich auf ausreichende Ruhepausen zwischen den verschiedenen Aufgaben. Dies gilt insbesondere auch für die Schlafenszeit. Kennen Sie den Schlafbedarf Ihres Kindes? Ist es ein wahrer Langschläfer oder kommt es mit relativ wenig Schlaf aus? Sollten Sie die Antwort nicht kennen, können Sie die Schlafzeiten ja einfach einmal über einen längeren Zeitraum aufschreiben, um diesbezüglich ein konkretes Bild zu erhalten.

Damit während der Schlafenszeit keine großartigen Störungen auftreten, ist es Ihre Aufgabe für ein angenehmes und sicheres Schlafklima zu sorgen. Dies sieht natürlich bei jedem Kind anders aus. Das eine schläft nur voll verdunkelt ein, das andere benötigt ein kleines Nachtlicht. Der eine braucht ein wenig Musik zum Einschlafen, der nächste eine Gute-Nacht-Geschichte. Erschaffen Sie für sich das ganz persönliche Einschlafritual, damit sich das Kind beim Einschlafen sicher und geborgen fühlt.

Kinder, die im Schlaf sehr geräuschempfindlich sind, benötigen auch während des Schlafes ein ruhiges Umfeld. Versuchen Sie Ihr Möglichstes, um diese Ruhe zu gewährleisten.

Sollte das Kind nicht ausreichend Schlaf während der Nacht erhalten können, ist ein Mittagsschlaf auch bei älteren Kindern ein adäquates Mittel, um den Schlafmangel auszugleichen. Nein, das muss niemand wissen. Sprechen Sie mit Ihrem Kind darüber. Fragt jemand, warum es nach dem Mittagessen die nächsten zwei Stunden keine Freunde treffen kann, dann sprechen Sie einfach von einer allgemeinen Ruhezeit, die von der ganzen Familie in Anspruch genommen wird, um sich vom Vormittag zu regenerieren. Ja, das hört sich hochgestochen an. Aber genau genommen entspricht es der Wahrheit und klingt nicht so „babyhaft“ wie Mittagsschlaf.

Bewegungsmangel

Im Kindergarten mag es noch möglich sein, dem Kind ausreichend Bewegung zu verschaffen. Meist achten die Erzieher auch darauf, dass das Kind nicht nur die ganze Zeit in einer Ecke herumsitzt. Zudem gibt es ja auch bestimmte Bewegungseinheiten, die alle Kinder absolvieren müssen.

In der Schule aber sieht es schon wieder ganz anders aus. Hier sind lediglich ein bis zwei Sportstunden pro Woche, verteilt auf unterschiedliche Unterrichtstage angesetzt.

Warum ist Bewegung so wichtig? Zum einen kann überschüssige Energie, die das Kind vielleicht ein wenig unruhig macht, abgebaut werden. Zum anderen fördert Bewegung grundsätzlich das Zusammenspiel des Gehirns und des Bewegungsapparates. Die Feinmotorik wird ebenso wie die Grobmotorik. Eine gute Körperspannung, die automatisch durch ausreichende Bewegung entsteht, fördert den Blutfluss, sorgt für einen gleichmäßigen Kreislauf und damit für eine optimierte Sauerstoffversorgung des Gehirns.

Mit diesem Beispiel wird deutlich, wie engmaschig die verschiedenen Körperfunktionen miteinander verknüpft sind. Wird einer dieser Teile vernachlässigt, wirkt sich dies automatisch auch auf die anderen Körperfunktionen aus.

Es ist also wichtig, dass Sie für Bewegungsmöglichkeiten in der Freizeit des Kindes sorgen. Es gibt hierzu viele Möglichkeiten:

- Sportverein: Hier können unterschiedliche Disziplinen, oft altersentsprechend, angeboten werden. Den meisten Kindern macht etwa Leichtathletik, Hand- oder Fußball und Turnen Spaß.
- Schwimmen: Schwimmen wird leider von vielen Eltern heute vernachlässigt, sodass tatsächlich eine Großzahl der Kinder in der 5. Klasse, wenn das Thema auf dem Sport-Stundenplan steht, noch nicht schwimmen können. Dabei ist Schwimmen eine ausgezeichnete Methode, die überschüssige Energie abzubauen. Zudem ist es im Sommer eine wunderbare Erfrischung, die man nicht missen sollte, egal ob im Schwimmbad, im See oder im heimischen Swimming-Pool.
- Ballspiele: Es müssen nicht immer die Ballspiele im Verein sein, die das Kind auf Trab bringen. Die heimische Tischtennisplatte, das Federballspiel oder Speedminton sind immer eine gute Idee.
- Frisbee kann auch im kleinsten Garten oder im Stadtpark gespielt werden. Sogar auf den „langweiligen" Spaziergängen der Eltern kann sie mitgenommen und zwischen einander hin- und hergeworfen werden.
- Fahrradfahren
- Spazierengehen
- Gemeinsames Tanzen nach der Lieblingsmusik

- Trampolinspringen: Dies geht sogar in der Mietswohnung mit einem kleinen Fitnesstrampolin.
- Für die Kleineren sind Bewegungsspiele das natürlichste der Welt. Sie werden zum Teil an späterer Stelle aufgeführt. Aber das Internet ist voll mit Bewegungsspielen für die Kleinsten. Greifen Sie also einfach zu.
- Ältere Kinder kann man vielleicht eher mit Dehnungs- und Stretching-Übungen in der kleinen Pausen zwischen den Aufgaben wieder auflockern.
- Kinderyoga – es funktioniert. Allerdings ist dies ein Thema für sich, das in anderen Büchern sehr gut beschrieben ist. Die Wirkungsweise des Yoga bezieht sich auf den gesamten Organismus und sollte nicht unterschätzt werden.
- Selbstverteidigungs- und Kampfsportkurse: Hierzu zählen unter anderem Wing Tsun, Karate, Judo, Kung Fu und verschiedene andere Methoden. Sie sorgen nicht nur für ausreichende Bewegung, sondern auch für Disziplin, Konzentrationsfähigkeit, Koordination und eine positive Lebenseinstellung.
- Haustiere: Haustiere, die ebenfalls ihre Bewegung einfordern, sind immer eine gute Option, um das Kind von seinem Sessel zu holen. Manchmal genügen schon 15 Minuten, die das Kind intensiv mit der Katze oder seinem Kaninchen spielt, um die Konzentration wiederherzustellen.

- Skateboardfahren ist für viele Kinder nicht nur eine Bewegungsmethode, sondern eine Lebenseinstellung. Zudem haben sie ihr Fortbewegungsmittel immer bei sich.

Sollte noch nicht das Richtige dabei gewesen sein, gibt es noch viele andere Wege, das Kind für Bewegung zu begeistern. Wer nun allerdings der Meinung ist, dass auch E-Sport zu den Bewegungssportarten zählt, der muss leider enttäuscht werden. E-Sport mag zwar mittlerweile offiziell anerkannt sein, eignet sich aber absolut nicht zum Bewegungsausgleich. Schlimm genug, wenn das Kind sich in fortgeschrittenem Alter für die „Sportart" entscheiden sollte.

Falsche Ernährung

Ja, Sie ahnen es natürlich schon. Ernährung ist etwas Tolles, kann aber auch fürchterlich nach hinten losgehen. Wir brauchen uns vermutlich nicht darüber unterhalten, dass Junk-Food, Fertiggerichte, Zucker lastiges, usw. nicht wirklich förderlich sind. Dabei ist es unerheblich, ob es sich um ein Kind oder einen Erwachsenen handelt. ABER, dass diese Nahrungsmittel sich auch tatsächlich auf die Konzentrationsfähigkeit auswirken, und zwar ganz erheblich, das haben viele in diesem Umfang wohl dann doch nicht vermutet. Genauso sollten wir uns einig sein, dass Kinder, weil sie viel Energie zum Spielen, Lernen, ja eigentlich für alles, was sie tagtäglich so tun, gute und ausgewogene Nahrung benötigen. Und noch einiges sollte von Anfang an klar sein:

Eine kurzfristige Ernährungsumstellung ist eine sinnlose Angelegenheit. Schließlich soll die Besserung der Konzentration ja von Dauer sein.

Man sollte sich deshalb als Familie über eine gesunde Ernährung nicht nur unterhalten, sondern sich auch bewusst sein, dass wirklich alle Familienmitglieder mitziehen sollten. Es wird auch ihnen guttun, sich an diese Ernährungstipps zu halten.

Ausreichend Flüssigkeit

Nun werden viele aufstöhnen und sagen, dass das Kind garantiert genügend Flüssigkeit zu sich nimmt. Aber um welche Getränke handelt es sich denn? Aha – wer von freiverfügbarer Flüssigkeit für den Organismus spricht, spricht von klarem Wasser, am besten stilles Wasser. Nur klares Wasser kann sofort vom Organismus aufgenommen werden. Softdrinks, wie Limonade und Mischgetränke, sollten daher die Ausnahme sein. Vom Zuckergehalt einmal abgesehen, der sich selbstverständlich negativ auf den gesamten Organismus auswirkt, machen diese Getränke einfach nur müde und träge.

Es bleibt also nur noch gutes, klares und möglichst stilles Wasser übrig. Je nach Altersstufe sollten dies 1 bis 2 Liter Wasser täglich sein. Keine Panik – ausreichend Wasser zu trinken kann man trainieren. Ja wirklich! Der Organismus weiß, dass er mit stillem Wasser optimal arbeiten kann. Bekommt er also regelmäßig eine bestimmte Menge davon, wird das Körpergedächtnis dieser Tatbestand abspeichern. Sobald ein gewisser Flüssigkeitsstand im Organismus unterschritten wird, wird der Durst ausgelöst. Allerdings ist dies ein individueller Wert und kann daher nicht konkret benannt werden. Dennoch wissen die Eltern für gewöhnlich, wie viel klares Wasser ihr Kind benötigt, um bestmöglich versorgt zu sein. Was aber, wenn das Kind in der Schule gar nicht an seine Wasserflaschen herangeht? Da hilft nur guter Zuspruch und die Hoffnung, dass das Kind versteht, was man da versucht, ihm über den persönlichen Wasserhaushalt zu erzählen. Genauso wie am Vormittag sollte auch für den Nachmittag ausreichend Flüssigkeit zur freien Verfügung stehen. Sollte reines Wasser tatsächlich ein Problem darstellen, kann es mit Zitronenscheiben, Fruchtstücken oder Kräutern mit Geschmack versehen werden. Auch eine sehr feine (also dünne) Fruchtschorle ist akzeptabel.

Das Frühstück

Ja, nicht nur Kinder, auch viele Erwachsene mögen in der Früh nicht viel essen. Das ist aber leider nicht sonderlich gesund. Schon gar nicht, wenn man bedenkt, dass das Kind in den kommenden Stunden in der Schule Höchstleistungen bringen soll. Höchstleistungen in Bezug auf das Denken, das Konzentrieren, die Aufmerksamkeit und das Aufnehmen neuer Lehrinhalte. Aus diesem Grunde sollte das Frühstück gehaltvoll sein. Gehaltvoll meint an dieser Stelle, dass komplexe Kohlenhydrate auf den Tisch gelangen. Kohlenhydrate, die über einen langen Zeitraum Energie abgeben können.

Wie wäre es mit einem saftigen Vollkornbrot, mit Kräuterquark und einigen Stückchen Gemüse? Oder ist ein Vollkornmüsli mit Rosinen und ein wenig Milch angenehmer?

Wichtig ist, dass alle herkömmlichen Cerialien und Müsli-Mischungen mit Schokolade oder Ähnlichem viel zu viel Zucker beinhalten und dadurch sättigen sie für den Moment, aber leider nicht für einen längeren Zeitraum.

Das Pausenbrot

Es sollte in Anlehnung an die Tipps für das Frühstück zusammengestellt werden. Ein gutes Vollkornbrot mit einem vollwertigen Aufstrich, einige Streifen Gemüse oder Obst und eine Flasche klaren Wassers sollten für den Vormittag ausreichen. Sicherlich sind die Portionen dem Alter und dem Stundenplan des Kindes anzupassen. Im Sommer sollte an Tagen mit Sportunterricht eine zusätzliche Wasserflasche mitgegeben werden.

Gehirnfutter

Nicht nur für Kinder mit Konzentrationsstörungen können derlei Nahrungsmittel ein Segen sein, denn auch ihre Konzentration kann sich natürlich nicht über den gesamten Vormittag gleichmäßig darstellen. Am besten Sie stellen sich eine Liste zusammen, die für Ihre Ansprüche bzw. die Ihres Kindes am besten geeignet sind.

Es sind die Mineralien und Vitamine, denen wir uns widmen müssen.

- Vitamin B-Komplex: Er hilft bei der Produktion von Serotonin und Dopamin. Serotonin verhilft uns zu Glücksgefühlen. Dopamin kann die Konzentration und die Aufmerksamkeit steigern.

Aus diesem Grund nennt man die B-Vitamine auch die Anti-Stress-Vitamine.

- Biotin, Jod, Vitamin C sowie Magnesium werden vom Nervensystem benötigt.
- Omega-3-Fettsäuren: Sie sind essentiell für die optimale Funktionsweise des Gehirns.

Und folgende Nahrungsmittel gehören zu diesen Vitaminen und Mineralstoffen:

- Fetter Fisch: Hierzu gehören unter anderem Lachs und Makrele. Sie liefern große Mengen an Omega-3-Fettsäuren sowie Jod und wichtige Eiweiße.
- Trockenfrüchte: Sie eignen sich als hervorragende Lieferanten für diverse B-Vitamine, Kalium und Magnesium
- Nüsse sowie Mandeln: Diverse gesunde Fette, Vitamin B6, Vitamin E, Eiweiß sowie die Aminosäure Tryptophan. Letzteres ist wichtig, um Serotonin zu entwickeln.
- Oliven-, Walnuss-, oder Rapsöl sowie andere kaltgepresste, gute Öle: Ihre ungesättigten Fettsäuren sind gute Nahrung für das Gehirn.

... und wie sieht es mit Obst und Gemüse aus?

Die Empfehlung der DGE (Deutschen Gesellschaft für Ernährung) lautet für Erwachsene und auch für Kinder fünf Portionen Obst und Gemüse pro Tag. Dabei handelt es sich um genau so viel, wie in die eigene Hand passt. Für Kinder sind es also sehr kleine Portionen. So kann eine kleine Portion zum Frühstück, für das Pausenbrot, eine nach dem Mittagessen, eine nachmittags und die letzte zum Abendbrot gereicht werden. Es gibt allerdings neue Empfehlungen, die sogar von 10 Portionen pro Tag sprechen.

Dies ist bereits für Erwachsene recht viel. Ob Kinder diese Menge tatsächlich bewältigen können, ist auszuprobieren. Dennoch sollte bitte darüber nachgedacht werden, dass die Ernährung ausgewogen bleiben soll. Gerade bei Kindern ist eine rein vegetarische / vegane Ernährung immer noch umstritten.

Bitte ohne Zusatzstoffe

Wenn es irgend möglich ist, sollte auf Zusatzstoffe in der Nahrung verzichtet werden. Sicherlich – es ist nicht jedem finanziell möglich, seine Familie rein biologisch (und damit ist Demeter-Qualität gemeint!) zu ernähren. Daher ist zumindest darauf zu achten, dass die Menge der Fertignahrung und der vorbehandelten Nahrungsmittel auf ein Minimum reduziert wird, denn diese Zusätze sind ohnehin nicht gut für den Organismus. Für die Kinder ergibt sich leider zudem die Problematik, dass sich Unruhe, Unkonzentriertheit, Verhaltens- und Aufmerksamkeitsauffälligkeiten ergeben.

Die Zahl der Kinder, die mit diesen Problemen diagnostiziert werden, steigt leider stetig an. Es liegt in der Verantwortung der Eltern, diesen durch die falsche Nahrung entstandenen Problemenkreis zu durchbrechen.

Der Power-Snack vor der Klassenarbeit oder der Prüfung

Der Power-Snack sollte eiweißhaltig sein und viele Vitalsstoffe (Vitamine und Mineralien) enthalten. Ein Smoothie aus Beeren und Joghurt eignet sich hierfür auch sehr gut. Des Weiteren ist die Banane ebenso eine sehr gute Alternative, denn sie enthält nicht nur Kalium und Magnesium, sondern auch Tryptophan.

Der Mythos Traubenzucker

Vor der Klassenarbeit sollte auf keinen Fall ein Traubenzucker eingenommen werden. Auch wenn zunächst das Gefühl aufkommt, einen Energieschub zu erhalten, wird der Zuckerspiegel nach knapp 20 Minuten extrem stark absinken, was zu Unkonzentriertheit und Müdigkeit führen wird.

Sie sehen, die Ernährung ist derartig wichtig, dass man sich wirklich intensiv und dauerhaft damit beschäftigen sollte.

ADHS

ADHS *(Aufmerksamkeitsdefizit-/Hyperaktivitätsstörung)* – eine sehr umstrittene und auch gewagte Diagnose. Wie ein hervorragender Kinderpsychologe und -psychiater einmal sagte: „Diese Diagnose ist nur schwer zu treffen, denn das Bild des Syndroms erstreckt sich über eine große Bandbreite, von schnee-weiß bis tief-schwarz. Bei vielen Kindern liegt das persönliche ADHS-Bild nicht an einem festen Punkt, sondern springt innerhalb dieser Bandbreite umher. Mal so, mal so, auch wenn man sich in einer Schattierung einpendeln wird."

Nein, es soll nichts beschönigt werden. Es gibt Kinder, die sind unruhig im Unterricht, können sich nicht oder nur schwer einfügen und sind mit den Gedanken und ihren Ideen irgendwie ständig irgendwo anders. Auch scheinen sie sich nur schwer an die allgemein gültigen, zum Teil ungeschriebenen Regeln halten wollen, die im zwischenmenschlichen Bereich bestehen und die die Kinder für gewöhnlich von ihren Eltern gelehrt bekommen.

Richtig, viele Kinder haben mit Konzentrations- und Aufmerksamkeitsproblemen, Verhaltensstörungen unterschiedlicher Art und anderen Problemen in der Schule zu kämpfen, aber sie können sich behaupten und sich irgendwie einfügen. Und dann gibt es eben genau diese, die mit ihren Reaktionen über alle Grenzen hinausgehen.

Wie erkenne ich ADHS?

Ganz ehrlich? Wer nicht gerade diplomierter Kinderpsychologe mit Schwerpunkt „ADHS" ist und diverse Jahre in einem entsprechenden Kompetenzzentrum mit Kindern und Jugendlichen, die unter diesem Generalverdacht standen, gearbeitet hat, hat keine Ahnung, was er tut, wenn er, mit einem Blick auf die Berichte von Eltern und Lehrern, verkündet, dass dieses Kind AHDS hätte.

Nun mögen etliche Leser sagen, dass Lehrerinnen doch ausreichend Kompetenz hätten, da sie ja täglich viel Zeit mit den Kindern verbringen. Dies ist aber leider ein Trugschluss, denn die Zeit in der Schule ist nur eine Momentaufnahme, die nicht auf den gesamten

Tag, auf das Verhalten des Kindes in anderen, alltäglichen Situationen, ausgeweitet werden kann. Ja, der Lehrerin kann einiges auffallen. Und ja, sie sollte dies den Eltern auf jeden Fall auch mitteilen. Wenn sie sich nahe an den Rand ihres Kompetenzbereichs begeben möchte, wird sie vorschlagen, dass doch eine Testung nicht schaden kann. Alles weitere liegt weder in ihrem Ermessungsbereich noch innerhalb ihrer Befugnisse.

Warum kann der Kinderarzt die ADHS nicht diagnostizieren? Um eine ADHS zu diagnostizieren, sind diverse Einzeluntersuchungen notwendig. Unter anderem gehören eine Hör-Verarbeitungs-Analyse, eine Augenuntersuchung, die Betrachtung der Lebensumstände, der Familienstruktur und natürlich das Gespräch sowohl mit dem Kind als auch mit den restlichen Familienmitgliedern (wenn möglich) auf dem Diagnose-Laufzettel. Diesen Aufwand wird kaum ein „normaler" Kinderarzt auf sich nehmen. Ganz kritisch sollte man ihn betrachten, wenn er sofort zum Rezeptblock greift und Ritalin oder Ähnliches aufschreiben möchte.

Nun, der Autor ist deshalb informiert, weil er mit seinem Kind durch die Prozedur einer ADHS-Diagnose gehen musste, weil eine übereifrige Lehrerin, die lax gesagt, einfach keine Lust auf Kinder hatte, die ihre durchschnittliche Unterrichtsmethode durcheinanderbrachten und mehr Input verlangten, als sie zu geben bereit war. Das Problem bei einer ADHS-Diagnose ist eben die Ähnlichkeit zu anderen Problemen, die in jeder Kinderentwicklung auftreten können. Glaubt man den Ärzten im Kompetenzzentrum, in der Kompetenzpraxis, so werden wir feststellen können, dass nur die wenigsten Kinder, die auf ADHS getestet werden, diese

Diagnose auch tatsächlich verdienen. Es ist der kleinste Prozentsatz. Die anderen haben „normale" Konzentrations- und Entwicklungsprobleme. Was für die Eltern eine große Erleichterung ist, ist für die betroffenen Lehrer und Betreuer ein Horror, denn sie müssen den Stempel mit dem ADHS-Prädikat wieder einstecken und sich ernsthaft mit dem Kind auseinandersetzen.

Wir haben in diesem Buch bereits einige Ursachen kennenlernen können, weshalb Kinder unkonzentriert sein können. Mit ADHS hat dies nicht automatisch etwas zu tun.

Sollten Sie tatsächlich zu den Ausnahmen gehören, deren Kind tatsächlich eine berechtigte ADHS-Diagnose erhält, sind Sie bei dem Facharzt im Kompetenzzentrum / -praxis an der besten Adresse, um das Kind gemäß den Befunden zu behandeln. Ist diese Diagnose tatsächlich gefestigt, sollten Sie auf keinen Fall alleine vorgehen, sondern alles mit den behandelnden Ärzten und Therapeuten absprechen. SIE sind die besten Ansprechpartner für Sie und Ihr Kind.

Die Lehrer und Betreuer müssen selbstverständlich einbezogen werden. ABER sie sind die Fachkompetenz, die das Kind behandeln oder gar heilen. Achten Sie bitte darauf, dass jeder auf dem korrekten Platz mit dem Kind arbeitet. Wenn nicht, weisen Sie die entsprechende Person in ihre Schranken – zum Wohle Ihres Kindes!

Überlastung und zu viel Stress

Nun sollte man ja eigentlich davon ausgehen, dass Kinder in diesem Alter noch keinem Stress ausgesetzt sein sollten. Doch ist unsere heutige Zeit per se schon recht stressgeladen. Wir wollen alles und das bitte stets sofort. Dafür müssen wir auch viel leisten. Viele Kinder bemerken dies schon von Anfang an, wenn sie nämlich relativ früh in die Krippe, in die Kita gehen müssen. Für sie bedeutet dies dann meist auch ein sehr frühes Aufstehen, um für die Einrichtung fertiggemacht werden. DAS ist für ein kleines Baby / Kind bereits Stress.

Es sind die persönlichen Bedürfnisse, die über Stress und Nicht-Stress entscheiden. So gibt es in einer Familie etwa 3 Kinder: Das Erste ist ein Frühaufsteher, das Zweite schläft mittellang und das dritte Kind ist eine wahre Schlummerbacke, die niemals vor 9 Uhr morgens geweckt werden sollte. Müssen alle drei Kinder rechtzeitig in der Schule sein, beginnt für mindestens zwei der drei Kinder der Tag mit einem relativen Stresspegel. Sicherlich ist gerade das Aufstehen etwas, das man gut üben kann, aber trotzdem wird es nicht jeden Morgen gleich gut funktionieren.

Nicht immer kann der Stress ausgeschaltet werden, egal wie sensibel man versucht mit der Situation, dem Tagesablauf, den allgemeinen Anforderungen (wie etwa der Schulbeginn) umzugehen.

Für andere Kinder ist es eine stressige Situation, sich in der Schule neu einfinden zu müssen. Schließlich ging es ihnen in der Kita doch so gut, nicht wahr? Aber auch sie müssen sich gewissen Anforderungen der Gesellschaft beugen und die Schulpflicht gehört nun einmal dazu. Neue Kinder, neue Lehrer und dann noch die ganzen Lehrinhalte. Nein, beim besten Willen – für einige ist dies einfach zu viel!

Doch halt: Der Organismus hat eine Möglichkeit, zwischen positivem und negativem Stress zu unterscheiden. Aus diesem Grund sollen sie auch einzeln betrachtet werden.

Arten von Stress

Positiver Stress

Positiver Stress wird als „Eustress" bezeichnet. Er tritt auf, wenn wir einer Aufgabe nachgehen, die unseren persönlichen, aktuellen Fähigkeiten entspricht und wir zudem auch Freude, Spaß an dieser Aufgabe haben. Bei den Erwachsenen würde man besondere Ereignisse wie das Überschreiten der persönlichen Bestmarke im Sport oder das erfolgreiche Abschließen eines beruflichen Projektes darunter verstehen. Eustress versetzt uns in einen generellen Erregungszustand. Aufmerksamkeit sowie auch die Konzentration werden dadurch verstärkt. Man ist sowohl leistungs-, als auch belastungsfähiger. Die Motivation ist stark erhöht, diese Aufgabe, diese eventuell sogar wiederkehrende Tätigkeit (in diesem Fall der Gang des Kindes zur Schule) täglich wieder auf sich zu nehmen und bestmöglich zu meistern (Auch Meister haben einmal einen schlechten Tag.).

Kinder, die sich also auf die Schule freuen, die jeden Tag wieder gerne zu ihren Klassenkameraden und Lehrern gehen, können sich des Eustresses erfreuen. Sie werden jeden Tag aufs Neue von Glückshormonen durchflutet, das Selbstvertrauen steigt und die gute Laune ebenso. Man könnte sagen, dass sich dieses

Kind, auch wenn die Zeit in der Schule von Hektik, neuen Themen im Unterricht und nicht immer einfachen Klassenkameraden und Lehrer geprägt ist, dennoch eine gute, eine freudige Zeit ist.

Negativer Stress

Der negative Stress kann all diese positiven Vorzeichen nicht bieten. Er überfordert uns. Wegen negativem Stress fühlen wir uns unwohl, sind lustlos, unkonzentriert und haben schlechte Laune. Dauerhafter, negativer Stress kann sich negativ auf die körperliche und psychische Situation auswirken. Sicherlich kann jeder einmal einen Tag verkraften, an dem es nicht so gut läuft. Dies gilt für Groß und Klein. Die Tage mit dem negativen Stress sollten sich allerdings nicht häufen. Für Kinder könnte dies bedeuten, dass sie bereits aufgrund der negativen Erwartungshaltung, die entsteht, die Motivation, die Aufmerksamkeit, die Konzentration nicht adäquat aufgebaut werden kann.

Für sie wird ab einem bestimmten Punkt feststehen, dass sie eh nur Bahnhof verstehen und daher abschalten oder sich mit interessanteren Dingen beschäftigen. Das dies nur weiteren Stress nach sich zieht, werden sie früher oder später bemerken. Ob sich dadurch etwas an ihrer Haltung ändert, muss sich dann herausstellen.

Stressreduzierung

Wieder ist es eine Frage der Ursachen für den Stress, ob und wie ich ihn minimieren kann.

- Das Kind mag die Klassenkameraden oder den Lehrer nicht. – Für die meisten Kinder ist es nicht wirklich hilfreich, gleich in den ersten Schuljahren die Schule wechseln zu müssen, nur weil sie einige Menschen nicht mögen. Dies ist ein Phänomen, das sie ihr ganzes Leben lang verfolgen wird. Sie werden sich also mit diesen Personen auseinandersetzen müssen. Oftmals ist es hilfreich, wenn Eltern versuchen, dem Kind einen anderen Blickwinkel für diese Menschen zu eröffnen. Und manchmal ist es einfach von Vorteil, im Zuge der Kennenlern-Spiele zu Beginn eines neuen Schuljahres, wenn den Kindern offen begegnet wird. Nein, nicht alle Kinder sind gut darin. Viele finden gerade diese Phase des Schuljahres besonders schlimm und sind froh, wenn sie vorbei ist. Wichtig ist aber, dass versucht wird, dem Kind diese Angst vor anderen Kindern, den Lehrern zu nehmen. Diesbezüglich sollten selbstverständlich auch die Lehrer involviert werden. Wird dieses Problem innerhalb der Klassengruppe unterschwellig behoben, kann das Kind mit einem tollen Erfolgserlebnis nach Hause kommen. Und schon wäre dieser Stresspunkt abgearbeitet.
- Der morgendliche Stress kann innerhalb der Familie nur durch Disziplin und eventuell einem Zeitplan überwunden werden. Halten sich

alle an ihre Zeiten im Bad, an die genauen Abfahrtzeiten der Busse und Bahnen oder auch des elterlichen Taxis, kann es eigentlich gar keinen Stress mehr geben. Die Kleidung kann bereits am Vortag herausgesucht werden. Selbiges gilt für die benötigten Schulsachen. Beginnt der Tag in aller Ruhe, geht jeder gestärkt an seine Aufgaben. Auch der Konzentration steht nun nichts mehr im Wege.

- Grundsätzlich werden Entspannungstechniken als hilfreich dargestellt. Beherrscht werden sie aber nur von Wenigen. Zudem stößt es bei vielen Lehrern leider immer noch sauer auf, wenn das Kind zur Entspannung einmal den Korridor hinauf- und hinunterläuft. Aber Atemübungen, die man natürlich zuvor zu Hause eingeübt hat, um sich zu beruhigen, können auch während der Unterrichtsstunde absolviert werden. Wird das Kind vom Lehrer gefragt, was es da tut, kann es dies gut erklären. Und wer weiß? Vielleicht werden ja nun öfters Atempausen für die ganze Klasse eingelegt. Schaden kann es auf jeden Fall nicht.
- Auch wenn es nicht der beste Vorschlag ist – malen hilft. Ja, eigentlich soll man im Unterricht nicht malen, es sei denn, man befindet sich im Kunstunterricht. Die innerliche Unruhe muss aber ein Ventil finden, damit wieder Platz für Konzentration gemacht werden kann. Die einen malen Strichmännchen, die anderen machen Striche oder Kreuze. Je älter die Kinder werden, desto interessanter werden die Muster. Sind die Lehrer über diese Form des

Umgangs mit der Unkonzentricrtheit informiert, lassen sie es meist geschehen. Sind sie es nicht, kann es schon zu stressigen Situationen und hitzigen Diskussionen kommen. Eigentlich handelt es sich aber um eine sehr ruhige und kreative Weise, mit dem Stress, der dadurch auf jeden Fall abgebaut wird, umzugehen.

Versuchen Sie, zusammen mit dem Kind, den Lehrern und eventuell dem Schul-Sozialarbeiter, die Ursache herauszufinden, denn nur so kann den Ursachen beigekommen werden, um sie hoffentlich abzustellen.

Körperliche Ursachen

Diverse körperliche Ursachen können zu Konzentrationsprobleme führen.

- Schlafstörungen
- Akute Krankheitsbilder, die noch nicht vollständig erkannt wurden bzw. sich gerade herausbilden (Grippe, grippaler Infekt, Magen- / Darmprobleme, u.v.m.)
- Störungen des Mineralhaushaltes
- Störungen des Hormonhaushaltes (ja – auch dies ist bereits bei 5 – 7-Jährigen möglich)
- Verletzung oder Verspannung der Halswirbelsäule bzw. des Hals-Nacken-Bereichs
- Gehirnerschütterung (kann ja beim Fußballtraining schnell passieren)
- Unverträglichkeiten auf Chemikalien oder Nahrungsmittel – bisher unerkannt
- Umweltgifte, die sich negativ auf das Nervensystem auswirken
- Verschiedene Problematiken der Muskulatur
- Bisher unerkannte Fehlbildungen der Wirbelsäule
- Unerkannte / unbehandelte Linkshändigkeit
- Allergien

Keine Frage, jede einzelne dieser Ursache bedarf der ärztlichen Abklärung. Gibt es eine konkrete Diagnose, eine konkrete Ursache, kann auch adäquat behandelt werden. Nicht immer ist die Diagnose schnell gestellt. Manchmal muss man von Arzt zu Arzt gehen, bis endlich einer die zündende Idee hat, wo das Problem liegen kann.

Wichtig ist, dass man im Ausschlussverfahren die Liste abarbeitet, bis man fündig wird. Anders geht es leider nicht.

Überforderung

Jedes Kind hat sein ganz persönliches Potenzial in diese Welt gebracht. Ebenso hat jedes Kind sein ganz persönliches Entwicklungstempo. Dies gilt auch für das Thema Konzentration. Leider bedeutet dies aber auch, dass es immer einige Kinder geben wird, die im Unterricht zu träumen scheinen oder sich anderweitig beschäftigen. Sie tun dies nicht, um den Lehrer zu ärgern, sondern es ist ganz einfach so, dass ihre Konzentrationsspanne relativ gering angesetzt ist.

Vermutlich sind es die Lehrkräfte, die eine Überforderung feststellen werden. Erinnern wir uns noch einmal: Im Kindergarten werden die Kinder meist gemäß ihres persönlichen Potenzials gefördert. Die Konzentration tritt nur dann in den Betrachtungsradius, wenn bereits in diesen Altersgruppen starke Auffälligkeiten vorhanden sind. Hierzu gehört beispielsweise, dass sich ein Kind nicht länger als 2 – 3 Minuten auf eine Tätigkeit / Spiel konzentrieren kann und ersichtlich ist, dass es nicht an der Tätigkeit, dem Spiel an sich liegt. Die Lehrer würden also feststellen, dass eine altersgerechte Aufmerksamkeitsspanne nicht vorhanden ist. Es ist also wichtig, die Ursache hierfür herauszufinden. Allerdings ist dafür in der Schule nur selten ausreichend Zeit.

Diese Aufgabe wird an die Eltern bzw. Therapeuten zurückgegeben. Für Eltern ist es jedoch nicht immer einfach, da sie dem Kind emotional zu eng verbunden sind und dadurch nicht immer die Ursache finden können. Therapeuten sind diesbezüglich die besseren Ansprechpartner. Sie besitzen die notwendige Distanz, um Defizite erkennen und benennen zu können.

Zu viel Ablenkung

Besitzt Ihr Kind viel Spielzeug oder Bücher? Stehen diese Dinge während der Hausaufgabenzeit zur freien Verfügung oder, noch schlimmer, liegen sie vollkommen unordentlich im gesamten Zimmer umher? Wie sieht der Schreibtisch aus? Je mehr Dinge sich in direkter Reichweite des Arbeitsplatzes befinden, desto schneller ist das Kind abgelenkt. Natürlich hat jedes Kind in diesem Punkt seine ganz persönliche Schmerzgrenze.

Um sicher zu gehen, dass so wenig Ablenkung wie möglich vorhanden ist, sollten die Eltern vor Beginn der Aufgaben überprüfen, dass tatsächlich nur die Aufgaben samt notwendiger Bücher und Arbeitsutensilien auf dem Tisch sind.

Es versteht sich von selbst, dass Musik, Fernseher und Smartphone weder erreichbar, noch eingeschaltet sind. Selbst leise, „leicht verdauliche" Musik im Hintergrund kann dazu führen, dass das Kind sich veranlasst sieht, mitzusingen oder zu summen. Eine klare Ablenkungsquelle.

Für viele Menschen erscheint es undenkbar, die Aufgaben in völliger Stille zu erledigen. Mit Musik macht alles doch viel mehr Spaß. Das mag zwar oberflächlich richtig sein. Kinder aber, die unter Konzentrationsproblemen leiden, sollten sich dem nicht aussetzen. Sie haben keine Chance, die Konzentration zu aufrecht zu halten. Selbst wir Erwachsenen wissen, dass bei weitem nicht alle Aufgaben bei Musik erledigt werden können. Also sollten wir mit dem Kind die Spielregel aufstellen, dass Musik, Fernsehen und Smartphone grundsätzlich ausgeschaltet bleiben.

Ebenso werden Aufgaben nur auf dem aufgeräumten Schreibtisch erledigt und die Einhaltung dieser Spielregel sollte auch strikt eingefordert werden. Nicht mit Drohungen, nicht mit Erpressungen – aber dennoch konsequent.

Unterforderung

Sie glauben nicht, dass eine Unterforderung des Kindes zu geminderter Konzentration führen kann? Nun, was würden Sie tun, wenn Sie sich mit dem aktuellen Unterrichtsstoff langweilen würden? Richtig – Sie würden anfangen, sich mit etwas anderem zu beschäftigen. Allerdings würden Sie die Konzentration nicht auf den langweiligen, bereits bekannten Unterrichtsstoff lenken. Sie würden sich doch auch auf die Suche nach neuen Inhalten machen, um sich die Zeit zu vertreiben. Genau genommen hat dies mit Konzentrationsschwäche oder ganz allgemein mit Konzentrationsproblemen nichts zu tun. Dies ist schlicht nur Langeweile.

Was kann diesbezüglich unternommen werden?

Es ist sinnvoll, das Kind mit Aufgaben zu versorgen, die es zum einen tatsächlich interessieren, zum anderen aber auch fordern. Handelt es sich um Aufgaben für die Schule, sollte versucht werden, entsprechende Arbeitspläne von den Lehrern zu erhalten. Sie wissen genau, um welche Themen sich dort aktuell gekümmert wird. So ist es am einfachsten, Arbeitspläne für die unterforderten Schüler zu kreieren. Sind die Lehrer diesbezüglich nicht kooperativ, kann man selber entsprechendes Lehrmaterial kaufen. Ältere Kinder können, für einen begrenzten Zeitraum täglich, eigenständig zusätzliche Informationen zu dem Thema aus dem Internet suchen.

Wenn es Ihnen lieber ist, können Sie die Internetzeit selbstverständlich überwachen. Denn auch das Internet ist eine fantastische Ablenkung. Je genauer die Suche eingegeben wird, desto schneller kommt man zu einem zufriedenstellenden Ergebnis. Diese Form der Suche muss auch erst einmal gelernt werden. Zudem kann einem diese Fähigkeit später in der Schulzeit, aber auch im Beruf sicherlich weiterhelfen.

Tages-/ Jahreszeit

Lichtverhältnisse spielen eine Rolle

Kindern geht es genau wie den Erwachsenen – die Winterzeit, egal ob mit oder ohne Zeitumstellung, ist die lichtarme Jahreszeit. Morgens ist es in der ersten Schulstunde noch dunkel oder wird gerade hell. Und abends, wenn man im Sommer immer noch schön in Gang sein kann, ist es bereits um 16:30 Uhr dunkel, allerspätestens aber um 17 Uhr. Es ist allerdings so, dass die Konzentration grundsätzlich mit zunehmender Dämmerung immer weiter abnimmt. Im Umkehrschluss bedeutet dies, dass man ab der Dämmerung immer mehr Energie aufbringen muss, um die Konzentration halten zu können. Dies gilt sicherlich auch für das wöchentliche Sporttraining der Kinder, das ja auch oft erst gegen 16 / 17 Uhr beginnt.

Würde man einen Sporttrainer fragen, der die Kinder- und Jugendmannschaften trainiert, würde er bestätigen können, dass die Leistungen im Winterhalbjahr nicht so gut wie im Sommerhalbjahr sind. Auch wenn viele Väter behaupten, es läge am Hallenbelag. Nein – tut es nicht. Es sind einfach die Lichtverhältnisse. Man kann das künstliche Licht in den Räumen nicht mit dem guten Tageslicht und dem damit verbundenen Lichtspektrum vergleichen. So kann man nur bedingt gute Lichtverhältnisse in der Schule und der Sporthalle schaffen.

Dies führt in den dunklen Stunden des Tages leider aber auch bei vielen Kindern zu ungenügender Konzentration. Nicht wenig Kinder stellen fest, dass sie in der sonnigen Jahreshälfte wesentlich bessere Noten einfahren als im Winter. Leider kann man aber nur

Zuhause mit Vollspektrumlampen für einen entsprechenden Ausgleich sorgen. In der Schule ist dies leider ein Ding der Unmöglichkeit.

Sommermonate

In diesen möchte sich jedes Kind nach der Schule erst einmal austoben und erfrischen. Insbesondere ist dies ein großer Wunsch, wenn der Badesee oder die Badestelle am Bach in greifbarer Nähe sind. Bei hohen Temperaturen ist die Konzentration um die Mittagszeit nur schwer zu halten. Zum einen liegt es an der Temperatur. Je wärmer es ist, desto mehr hat der Organismus mit den Kühlfunktionen zu tun. Es ist ganz einfach die Energie nicht mehr verfügbar, um auch noch die Konzentration aufrechtzuerhalten. Zudem darf eines nicht vergessen werden – das Kind hat den Vormittag in der Schule verbracht.

Dort wird auch andauernd Konzentration verlangt. Daher ist es vollkommen verständlich, wenn in den Mittagsstunden eine echte, lange Pause verlangt wird. Gewähren wir sie den Kindern. ABER – es müssen natürlich im Vorweg die Bedingungen für den weiteren Tagesablauf geklärt sein, denn die Hausaufgaben sind selbstverständlich zu erledigen. Sie können nur wegen der Sommerwärme ja nicht liegen bleiben. Erklären Sie dem Kind bitte vor der Einführung einer langen Mittagspause, dass die Hausaufgabenzeit dann eben zu einem anderen Zeitpunkt konsequent durchgeführt werden muss.

Am besten schließen Sie für derartige Ausnahmesituationen (denn wir haben ja nicht während des gesamten Sommers Temperaturen über 30°C) einen Vertrag mit dem Kind, den es unterschreiben muss, damit er in Kraft treten kann. Finden Sie mit dem Kind heraus, zu welchen Zeiten es im Sommer am besten arbeiten kann und wann es lieber mit der Familie und den Freunden im Schwimmbad sein möchte. Eine konsequente Absprache, ohne die es im Sommer manchmal einfach nicht funktioniert. Einen Vorteil aber bringt der Sommer mit sich: Viele Kinder können früh morgens, wenn es noch kühl ist oder am späten Nachmittag, wenn sich die Mittagshitze zu legen beginnt, am besten arbeiten.

Der Winter

In relativ kalten Regionen ist er für einige Kinder eine Herausforderung. Der Grund ist meist die Tatsache, dass sie für den Schulweg sehr warm angezogen werden. Im Klassenraum ist aber selbstverständlich gut geheizt, wodurch es den Kindern schnell zu warm wird. Wie wir unter Punkt 2 gesehen haben, führt Wärme aber zu einem Konzentrationsabfall, zu einer wohligen Müdigkeit. Diese wird durch die kalte Außenluft noch verstärkt. Dies könnte zumindest bedingt vermieden werden.

Zum einen sollte in jedem Klassenzimmer regelmäßig stoßgelüftet werden, zum anderen kann der altbewährte Zwiebellook dabei helfen, die eine oder andere warme Kleidungsschicht für die Unterrichtszeit loszuwerden. Dieses Verhalten müssen die Kinder erst einmal lernen, werden dann aber schnell damit umgehen können.

DAS NO-GO

Die Hausaufgaben am Abend oder kurz vor dem Schlafengehen zu machen ist immer eine schlechte Idee. Je später es am Tag wird, desto niedriger sinkt das allgemeine Konzentrationsniveau. Auch wenn das Kind noch so überzeugend versucht, diese Hausaufgabenzeit ins Spiel zu bringen, damit es nachmittags mit den Freunden spielen kann, bleiben Sie unerbittlich. Gerade wenn das Kind den Vormittagsunterricht und eine lange Spielzeit mit den Freunden hinter sich hat, ist es so stark ausgepowert, dass für die Hausaufgaben überhaupt keine Energie mehr vorhanden ist. Sicher – in den heißen Sommermonaten kann man eine Ausnahme machen.

Aber bitte nur, wenn es tatsächlich funktioniert. Es ist also lediglich ein Versuch. Grundsätzlich aber sollte gelten – der Abend ist zum Herunterfahren, zum Entspannen, bevor es denn ins Bett geht.

Erhöhter Medienkonsum

Die heutige Zeit macht es immer schwerer, die Kinder aus dem Sog der neuen und alten Medien herauszuziehen und deshalb ist es gerade für kleine Kinder so wichtig, dass man einen regelmäßigen und vor allem langen Medienkonsum von ihnen so lange wie möglich fernhält. Gerade die bildgebenden Medien sind fatal. In dem Moment, in dem die Augen ein Bild, eine Bewegung wahrnehmen, hat die Ablenkung bereits stattgefunden. Bilder, vor allem die laufenden Bilder auf dem Fernseh-, Computer- oder Smartphone-Bildschirm, die nach Möglichkeit auch noch farbig gestaltet sind, wirken geradezu hypnotisch. Es ist ganz einfach schwierig, sich von ihnen nicht beeinflussen, nicht anziehen zu lassen. Egal, was man auch anstellt, der Blick wird immer wieder dorthin zurückkehren. Wir können dies gerade bei Babys ganz hervorragend beobachten. Auch sie kleben schon geradezu an den Bildern im Fernseher und haben keinen Schimmer, was sie sehen. Es sind lediglich die sich bewegenden Bilder, die sie so an sich fesseln können.

Was bedeutet dies für die Eltern? Wenn Sie sich mit dem Kind intensiv beschäftigen, sollten Fernseher, Computer und natürlich auch das Tablet oder Smartphone ausgeschaltet sein. So können weder das Kind noch Sie von dieser Quelle abgelenkt werden. Dabei ist es unerheblich, ob es sich noch um ein Baby, ein Kleinkind oder das Schulkind handelt. Grundsätzlich sollte für Sie gelten: „Kinderzeit ist medienfreie Zeit.“. Natürlich kann man im Laufe der Zeit in diesem Punkt Ausnahmen machen. ABER Sie sollten sich Ihrer Verantwortung bewusst sein, um die Medienzeit so minimal wie möglich zu halten.

WARUM? Nun, wie gerade beschrieben, lässt sich jeder Mensch von einem laufenden Fernseher ablenken. Das Kind jedoch soll nicht nur lernen, seine Aufgaben zu bewältigen, sondern auch seine Konzentration auf die gewählte Aufgabe zu fokussieren. Leider können sich nicht nur Konzentrationsschwächen aufzeigen, wenn der Medienkonsum von Kleinkindern zu groß ist. Auch die Sprachfähigkeit und die Entwicklung der Fein- und Grobmotorik kann darunter leiden, wenn die Medien einen zu großen Stellenwert im Leben des Kindes haben. Ein weiteres Problem, das entstehen kann, ist die Hyperaktivität. Die Kinder bewegen sich nicht ausreichend, werden von den Reizen überflutet und wissen gar nicht mehr, wo sie mit ihrer Energie hinsollen, denn durch das Stillsitzen staut sie sich und kann nicht abgebaut werden.

Hier sind immer die Eltern gefragt, den Medienkonsum entweder vollständig zu unterbinden oder die tägliche Medienzeit stark einzuschränken. Vergessen Sie niemals, dass Kinder bis zu einem Alter von mindestens 10 Jahren nicht in der Lage sind, ihren Medienkonsum eigenständig zu kontrollieren. Es besteht auch immer die Gefahr, bereits in diesem Alter die Basis für eine spätere Mediensucht / Internetsucht zu legen. Dies muss natürlich tunlichst vermieden werden. Zudem ist es natürlich immer wichtig, die Vorbildfunktion auszufüllen.

Wer seinen Kindern die Medien nicht vorenthalten möchte, sollte dennoch die Zeit beschränken, in der die Kinder freien Zugang zu den Medien haben. Zudem ist ein Ausgleich notwendig, um andere Fähigkeiten dennoch ausreichend fördern und ansprechen zu können. Hier gibt es unterschiedliche Möglichkeiten:

- Gemeinsame Spaziergänge oder andere „sportliche“ Aktivitäten, etwa Kinderturnen, gemeinsames Schwimmen
- Gemeinsame Spiele, Würfel-, Brett- und Gesellschaftsspiele
- Gemeinsames Lesen, bei den Kleinsten Bilderbücher, bei den Größeren je nach Vorliebe
- Gemeinsames Einkaufen
- Spielen mit den Geschwistern oder befreundeten Kindern in der Nachbarschaft
- U.v.m.

Geben Sie dem Kind ausreichend Angebote an die Hand, um sich nicht für die modernen Medien bereits in jüngsten Jahren interessieren zu müssen. Es gibt so viel zu entdecken, so viel zu lernen – wenn man es genau nimmt, haben kleine Kinder kaum Zeit für die Medien. Und wenn es doch einmal sein soll, suchen Sie sich etwas Kurzes aus, damit die Medienzeit schnell vorbei ist und das Kind schnell lernt, dass es Wichtigeres und Interessanteres als das Fernsehen / Internet gibt.

Zu Hause versus in der Schule lernen

Das Thema „Homeschooling“, auch „Distance learning“ genannt, sind derzeit in aller Munde. Für gewöhnlich müssen sich die Schüler in Deutschland nicht mit diesem Thema auseinandersetzen. Vormittags in der Schule wird im Präsenzunterricht die Grundlage in allen Fächern für die unterschiedlichen Themen gelegt. Zu Hause, an den Nachmittagen oder Wochenende, werden die bereits gelernten Lektionen mittels der Hausaufgaben gefestigt. Befindet sich das Kind bereits auf einer weiterführenden Schule können sich auch Referate und Projektarbeiten zu den Aufgaben hinzugesellen.

Doch nicht alle Kinder sind gleich. So ist es nicht verwunderlich, dass die eine Hälfte der Kinder bevorzugt in der Schule lernen möchte. Sie fühlen sich von den anderen Kindern angespornt, wissen, dass sie im Lehrer einen gut vorbereiteten Ansprechpartner in Bezug auf eventuelle Probleme haben. Dies gilt auch für die Kinder, die nachmittags im Hort oder der Schulbetreuung betreut werden. Sie wissen, dass sie geschulte Ansprechpartner an ihrer Seite haben, sodass sie ihre spezifischen Fragen sofort beantwortet bekommen. Auch sind noch einige der Klassenkameraden vor Ort, sodass man sich auch gegenseitig helfen kann. Und je schneller man die Aufgaben erledigt hat, desto schneller kann man gemeinsam zum Spielen oder für andere Aktivitäten im Hort losgehen.

Es ist also ein gewisser Ansporn vorhanden, die Aufgaben nicht nur (möglichst) korrekt zu machen, sondern auch schnell fertig zu sein.

Zu Hause ist es mit dem Lernen ein wenig anders, denn verschiedene Komponenten treffen in der heimischen Atmosphäre aufeinander. Dabei ist es übrigens für viele Kinder unerheblich, ob es sich um die regulären Hausaufgaben handelt oder um die spezielle Situation des Lernens im Lockdown, in dem die heimischen Verhältnisse ohnehin für alle ein wenig anders sind.

- Das Kind sitzt alleine vor den Aufgaben. Alleine-Sein ist für sie ein schwer zu ertragender Zustand.
- Die Ablenkung durch die Spielsachen, Bücher und die unterschiedlichen Medien wie Fernseher, Computer, Playstation und Smartphone / Tablet sind allgegenwärtig.
- Nicht alle Eltern sind in der Lage, sich mit den Aufgaben des Kindes auseinanderzusetzen. Je älter der Schüler wird, desto schwieriger wird der Lehrstoff für die Eltern.

- Viele Kinder weisen das Problem auf, dass sie sich in der Klassengruppe sehr gut konzentrieren können. Sind sie zu Hause alleine, ist ihnen dies nicht bzw. nur schwer möglich.
- Es besteht nur selten ein ruhiges Lernumfeld (aufgeräumter Schreibtisch oder Wohnzimmertisch, aufgeräumtes Zimmer), ausreichende Ruhe.
- Das Kind beherrscht die Selbstorganisation noch nicht richtig.
- Den richtigen Zeitpunkt zum Arbeiten muss man erst einmal finden. Zu Hause ist dies nicht einfach.
- Nicht immer ist es einfach, das erste Wort, die erste Rechenaufgabe auf das Papier zu bringen. Hat man diesen Bann erst einmal gebrochen, kann man meist entspannt weiterarbeiten. Bis es aber erst einmal so weit ist, kann einige Zeit ins Land gehen und der Nachmittag ist schon fast vorbei.

Nein, diese Liste ist bei Weitem nicht vollständig, denn in jeder Familie ist das Wohnumfeld ein wenig anders gestaltet. Ein Kind verfügt daher eventuell über ein picobello aufgeräumtes Zimmer inklusive Schreibtisch, aber alleine die Tatsache, dass das Bücherregal mit allen Lieblingsbücher in Reichweite liegt, kann die Konzentration bereits stark beeinträchtigen.

Dies ist nun aber nur eine Seite der Medaille. Selbstverständlich gibt es auch Kinder, die in den heimischen Vier-Wänden viel besser arbeiten können als in der Schule. Auch dort ist das Ablenkungspotenzial sehr groß. Zudem muss man auch verstehen, dass sich nicht alle Kinder in einer größeren Gruppe wohlfühlen. Insbesondere Kinder, die sich in der Klassengruppe nicht ganz wohlfühlen, werden vermutlich zu Hause, wenn sie zudem auch noch von den Eltern gefördert werden, wesentlich besser arbeiten können. Dort finden sie die Ruhe, die sie zum Konzentrieren benötigen. Im Klassenzimmer herrscht in den meisten Fällen eine unterschwellige Unruhe. Gerade in den ersten Schuljahren ist es da nicht immer möglich, die geforderte Konzentration aufzubringen.

Wo lernt mein Kind besser

Achtung – Fangfrage! Diese Frage kann pauschal nicht beantwortet werden. Es kommt auf den Lerntyp des Kindes an. Dieser wird sich im Laufe der Zeit herauskristallisieren. Sicherlich sollte man meinen, dass die pädagogische Betreuung in der Schule besser ist als zu Hause. Andererseits können zu Hause, zumindest wenn die Eltern betreuend zeitgleich zu Hause sind, die Ablenkungsfaktoren auf ein Minimum reduziert werden. Die Ruhe, die in der Schule erreicht werden kann, ist niemals die gleiche. Schließlich muss immer daran gedacht werden, dass selbst ruhige Klassenkameraden störend sein können.

Ein Problem gibt es allerdings für die Kinder, die grundsätzlich zu Hause besser lernen können: In Deutschland besteht die Schulpflicht. Das bedeutet, dass es den Eltern nicht gestattet ist, ihre Kinder eigenständig zu Hause zu beschulen. Es geht in diesem Punkt allerdings weniger darum, ob sich die Eltern an den aktuellen Lehrplan des Bundeslandes halten, vielmehr darum, ob alle Kinder unter den annähernd gleichen Bedingungen zu beschulen und somit die gleichen

Voraussetzungen erhalten, sodass eine Chancengleichheit geschaffen wird. Dass sich diese Bundesweit jedoch gar nicht einstellen kann, solange nicht alle Kinder über das gleiche Potenzial verfügen ist aktuell der Fall.

Sie sehen also: In fast jeder Klasse werden sich ein oder mehrere Kinder finden, die aus unterschiedlichen Gründen die notwendige Grundkonzentration nicht aufbringen können, um mit dem Rest der Klasse mithalten zu können.

Wieso stören die Klassenkameraden?

Es ist korrekt, dass eigentlich alle Schulkinder das gleiche Ziel verfolgen sollten – so viel wie möglich lernen, ein gutes Zeugnis heimbringen und am Ende der Schulzeit den individuell bestmöglichen Schulabschluss erreichen, um den Traumberuf lernen zu können. Und doch ist es nicht in jedem Haushalt ein gleich wichtiges und ernstes Thema, das Lernen! So gibt es immer wieder Klassenkameraden, die trotz guter Potenziale einfach nicht lernen wollen. Andere hingegen können es nicht. Sie sind nur schwer in der Lage, dem Unterricht zu folgen.

Hierfür gibt es unterschiedliche Gründe. Konzentrationsschwäche ist nur einer. Wer allerdings dem Unterricht nicht folgen kann oder ihm dieser viel zu leicht erscheint, der wird sich früher oder später anderen Dingen widmen. Dass dabei die anderen Klassenkameraden sowohl gestört als auch mitgezogen werden, bemerken die Kinder der ersten Schuljahrgänge überhaupt nicht. Sie haben nur das gemacht, was ihnen am sinnvollsten erschien – sie haben sich selbst beschäftigt.

An diesem Punkt sind eigentlich die Lehrer gefragt, um auch diese Schüler adäquat beschäftigen zu können, damit sie den Unterricht nicht stören. Dies ist nicht immer einfach. Ein unterforderter Schüler kann zusätzliche Aufgaben erhalten, die ihn beschäftigen. Er scheidet somit als Störfaktor aus. Auch der überforderte Schüler könnte separate Aufgaben erhalten. Das Problem liegt bei der meist zu geringen Anzahl an Lehrkräften an den Schulen.

Gerade in der Grundschule wäre eine permanente Doppelbesetzung für jede Klasse fantastisch, doch kann diese nur in seltenen Fällen dauerhaft gewährleistet werden. Dies führt dazu, dass sowohl den überforderten als auch den unterforderten Kindern nicht immer die Aufmerksamkeit geschenkt werden kann, die sie benötigen, und dies führt wiederrum zu einem Verhalten, das die anderen Schüler und vor allem den Lehrer stört.

Letztlich haben wir dann noch jene Kinder in der Klasse, die aus einem „gestörten" sozialen Umfeld kommen. Sie sind von den Eltern vielleicht nicht an das Lernen an sich herangeführt worden, deshalb muss ihnen die Wichtigkeit der Schule und damit des Lernens und der Konzentration erst einmal beigebracht werden. Das ist natürlich in der Schule, in der es große Schulklassen gibt, nicht so einfach. Die Unterstützung von Sozialpädagogen wäre sinnvoll. Kann diese nicht geleistet werden, so wird auch diesen Kindern nichts Besseres einfallen, als sich selbst in den vermeintlich langweiligen Unterrichtsstunden zu beschäftigen und am besten die anderen auch gleich mit.

Für die Eltern ist es immer ärgerlich, wenn die Kinder durch Störenfriede nicht in der Lage sind, ihr Potenzial in der Schule auszuschöpfen. Leider kann man nichts dagegen unternehmen außer zu Hause üben, wie Reize von außen auszublenden sind. Dies sollte eine grundlegende Übung für alle sein, die ihre Konzentration und auch die ihrer Kinder stärken wollen.

Was hilft? Tipps zur Steigerung der Konzentration

Grundsätzlich sind Konzentrationsstörungen nichts Schlimmes. Niemand, ja das soll tatsächlich genauso stehen bleiben, wirklich niemand ist in der Lage sich während des gesamten Unterrichts, während der gesamten Arbeitszeit, durchgehend zu konzentrieren. Auch der eigentliche Konzentrationspegel ist nicht konstant. Somit ist die Konzentrationsstörung an sich etwas Natürliches, solange sie kontrollierbar bleibt. Das Wohlgefühl der einzelnen Person spielt in diesen Punkt allerdings stark hinein. Man sollte daher versuchen, den Wohlfühlfaktor der Situation so hoch wie möglich anzusetzen.

Zu Hause ist dies weitestgehend umsetzbar, doch wie sieht es mit der Schule aus? Da muss man einfach schauen, wie mit der Schulumgebung umzugehen ist.

Angenehme Lernumgebung schaffen

Zu Hause ist es für die meisten Kinder eindeutig – sie machen ihre Hausaufgaben am Schreibtisch in ihrem Zimmer oder aber am gemeinschaftlichen Wohnzimmertisch. Es sollte also grundsätzlich davon ausgegangen werden, dass man sich in dem Zimmer wohlfühlt. Allerdings können sowohl im Kinderzimmer wie auch im Wohnzimmer einmal chaotische Zustände herrschen. Oder ist das Zimmer Ihres Kindes stets picobello aufgeräumt? Und was machen Sie, wenn das Kind sich ausgerechnet am Waschtag für das

Hausaufgabenmachen am Wohnzimmertisch entscheidet? Vergessen wir nicht: Nicht jeder Familie stehen diverse Optionen zur Verfügung. So kann es durchaus vorkommen, dass das Kind die Hausaufgaben macht, während die Mutter direkt daneben die Wäsche zusammenlegt oder das Essen vorbereitet. Gerne machen mehrere Kinder eines Haushaltes die Aufgaben auch zeitgleich.

Zu diesem Punkt sollten Sie sich unbedingt mit dem Kind, mit den Kindern zusammensetzen, um herauszufinden, was es / sie benötigen, um sich erst einmal wohlzufühlen. Fallen Sie nicht auf unerfüllbare Vorstellungen und Wünsche herein. Es muss natürlich umsetzbar sein. Im Übrigen kann sich dies auch auf die Zeiten beziehen, in denen die Kinder / das Kind arbeiten wollen.

Tatsächlich sind viele Kinder direkt beim Nachhausekommen noch in einem guten Konzentrationszustand. Kein Wunder, dass sie ihre Aufgaben sofort machen wollen. „Was weg ist, ist weg!" Das gilt auch für die Arbeit! Andere brauchen zunächst eine Auszeit. Auch gut! Gerade Kinder mit Konzentrationsstörungen sollten die Zeit für diese Pause erhalten. Dabei kann es sich durchaus um einen festgelegten Zeitraum handeln. So kann die Mutter die Arbeit am Gemeinschaftstisch beenden und das Kind kommt zu seiner Pause.

Vielleicht arbeitet das Kind auch am besten, wenn es ein Glas Organgensaft und einige Kekse zur Stärkung zur Arbeit erhält. Sie sehen – es ist zunächst ein Gespräch notwendig, um die Wohlfühlumgebung für das Kind gestalten zu können. Bitte beachten Sie: Egal, wie gut IHRE Einfälle sind, geht es nicht um IHR Wohlbefinden. Es ist jedoch interessant, was das Kind unter einem optimalen Lernumfeld versteht. Wichtig ist allerdings, dass die Sitzgelegenheit auf jeden Fall der Größe angepasst ist, damit es sich diesbezüglich nicht verbiegen muss.

In der Schule ist dies natürlich nur bedingt möglich. Und doch kann man hoffen, dass in der Schule nicht nur weiße, triste Wände vorhanden sind, sondern Farbe bei der Raumgestaltung verwendet werden. Diesbezüglich muss Vertrauen in den Schulträger vorhanden sein, denn manchmal ist es ganz einfach eine finanzielle Frage, wie die Schule gestaltet bzw. ausgestattet wurde. Wer diese Umstände ändern möchte, ist meist ein willkommenes Mitglied des Schulfördervereins. Denn nur über einen gute funktionierenden Schulförderverein können verschiedene Verbesserungen umgesetzt werden – und natürlich durch die tatkräftige Mithilfe der Eltern.

Aromatherapie – angenehmes Raumklima

Die Aromatherapie verfügt über unterschiedliche Möglichkeiten, das Wohlbefinden des Kindes zu steigern, obwohl die kommenden Aufgaben sich ausschließlich mit den Hausaufgaben befassen. Neben den Wohlfühldüften sind auch Aromen vorhanden, die direkt auf die Konzentrationsfähigkeit einwirken.

Bergamotte

Sie ist nicht nur wohlriechend, sondern wirkt ausgleichend auf die Psyche und nervenentspannend. Zudem hilft sie sehr gut gegen Ermüdungserscheinungen und stärkt den Geist bei jeder Art der psychischen Belastung.

Rosmarin

Wirkt zum einem einer undefinierten Antriebslosigkeit entgegen, ist aber auch förderlich für die Konzentration. Der würzige Duft hilft sogar beim Auswendiglernen und Rezitieren schwerer Passagen.

Lavendel

Lavendel wird jeder psychischen Unausgeglichenheit entgegenwirken. Spannungen aller Art werden aufgelöst. Prüfungsangst, Nervosität und Reizbarkeit kann mit Lavendel entgegengewirkt werden.

Zitrone

Zitronenduft wirkt auf vielfache Art – erfrischend und energiespendend, „aufmunternd", sowie gedächtnis- und konzentrationsstärkend.

Pfefferminze

Die beste Eigenschaft der Pfefferminze ist, dass sie geradezu augenblickliche Wirkung erzielen kann. Überarbeitung, Gedächtnisschwäche, geistige Erschöpfung gehören zu den Einsatzgebieten dieser Pflanze.

Zitronengras

Wir finden hier eine fast identische Wirkung wie bei der Pfefferminze.

Achten Sie beim Kauf der ätherischen Öle bitte darauf, dass diese natürlichen Ursprungs sind. Synthetische Öle können zwar einen identischen Geruch hervorbringen, jedoch bleibt die positive Wirkung auf die Psyche aus. Daher ist es sinnlos, sie zu erstehen.

Farbkonzept – Einrichtung

Farben können eine große Wirkung auf die Verfassung der Menschen haben. So werden sich die meisten Menschen in feuerroten Räumen unruhig und gleichzeitig kraftvoll fühlen, in grünen hungrig werden und in blauen oftmals frieren. Dies liegt nicht an irgendwelchen Farbvorlieben. Nein, dies ist die natürliche Wirkung der Farben auf den Menschen, auf sein Unterbewusstsein. Es ist nämlich tatsächlich so, dass die meisten Menschen Farben nur unterschwellig wahrnehmen. Meist ist es ihnen gar nicht bewusst, dass bzw. wie sie auf Farben reagieren. Bei Kindern gilt dies natürlich auch. So stellt sich die Frage – welche Farbe wirkt in welcher Weise und wie reagieren wir auf sie?

Die zweite Frage ist nur schwer zu beantworten, da jeder ein wenig anders, eben individuell auf die Farben reagiert. Daraus ergibt sich die persönliche Farbaffinität. Dies kann zur Ausgestaltung des Zimmers genutzt werden. Man kann den Arbeitsplatz aber auch mit den bevorzugten Farben schmücken.

Jede Farbe hat eine grundlegende, psychologisch unterschwellige Wirkung. Und diese kann genau eingesetzt werden. Hierzu eignen sich bunter Papiere oder Stoffe, die auf dem Arbeitsplatz etwa als Unterlage Platz finden können.

- Lebendige, helle Farben aktivieren den Menschen. Sie fördern wortwörtliche die Lebenskraft und sorgen für einen wachen Verstand, eine gute Konzentrationsfähigkeit. Als absolutes Gegenteil wird Grau gesehen, da es einschläfernd wirkt.

- Wände, an denen die Aufmerksamkeit in der Schule gebannt wird, sollten einen hohen Lichtreflexionsfaktor besitzen.
- Wer lernt, kann von hellen Farben profitieren. Sie fördern das Gedächtnis.
- Orange unterstützt einerseits die Konzentration, andererseits wirkt sich diese Farbe positiv auf die allgemeine Gedankentätigkeit aus.
- Rot wirkt unterstützend beim Gedankenaustausch sowie bei der Kommunikation. Zudem zeigt sich eine positive Wirkung auf die allgemeine emotionale Lage.
- Blau und Grün fördern Stärke, aber auch Stille und Frieden. Zudem wird mit beiden Farben die Verbundenheit zur Natur ausgedrückt.
- Gelb und Grün, insbesondere wenn es sich um Bilder und Farbakzente handelt, bringen Frische und Erneuerungsfähigkeit in den Raum.

Sie sehen, es kann zu Hause tatsächlich sinnvoll sein, das Arbeitsumfeld mit Hilfe von farbigen Schals oder Plakaten zu kreieren, damit nach Beendigung der Aufgaben der farbliche Schwerpunkt des Raumes wieder allgemeingültig sein kann.

Es sollte dennoch beachtet werden, dass die energetische Kraft der Farben sich auch auf unser Wärmegefühl oder Sicherheitsempfinden auswirken kann. Daher sollte das Kind in die Farbplanung des optimalen Arbeitsraumes eingebunden werden. Welche sind eigentlich seine Lieblingsfarben? Sind sie förderlich oder eher hinderlich? Wie kann man den Raum gestalten, ohne das körperliche Wohlbefinden zu beeinträchtigen und trotzdem die Konzentration zu stärken?

Die Wirkung der Farben kann sehr gut mit den ätherischen Ölen, also der Aromatherapie zusammen eingesetzt werden.

Aufgeräumter Schreibtisch

Auch wenn es nicht jedem einleuchten möchte, sollte sich auf dem Schreibtisch des Kindes stets nur Schreibzeug, das Heft und das Buch befinden, mit dem in diesem Augenblick gerade gearbeitet werden soll. Dies ist wichtiger, als man denken mag. Befinden sich noch weitere Dinge darauf, können diese sofort wieder für Ablenkung sorgen. Stellen wir uns vor, es stehen noch ein Glas Orangensaft und ein Malbuch auf dem Tisch. Es soll nun aber Mathe gemacht werden. Klar, schlagartig bekommt das Kind Durst auf den Orangensaft, denn Mathe mag es so überhaupt nicht. Und wenn die Federtasche sowieso schon auf dem Tisch liegt, könnte man doch ein wenig im Malbuch malen, oder nicht?

Es ist richtig, es handelt sich nur um zwei zusätzliche Gegenstände. Und doch ist die Konzentration sofort gekappt bzw. umgeleitet. Sie sehen, es kann ganz schnell gehen.

Natürlich wird sich das Kind irgendwann daran gewöhnen, dass es nur an einem aufgeräumten Schreibtisch konzentriert arbeiten kann. Anfänglich jedoch ist es Ihre Aufgabe, es dabei zu unterstützen. Keine Bange, das Kind wird es gerne übernehmen, wenn es merkt, dass es auf diese Weise konzentrierter arbeiten kann und dadurch gute / bessere Ergebnisse in der Schule erzielen wird.

Lichtverhältnisse

Gerade Kinder sind der Meinung, dass sie auch bei schummerigem Licht oder beginnender Dunkelheit problemlos alles gut sehen können. Sie können natürlich nicht verstehen, dass es bei schlechten Lichtverhältnissen wesentlich schwieriger ist, sich auf seine Aufgabe zu konzentrieren. Doch leidet die Konzentration, wenn sich der Konzentrationsschwerpunkt auf die Augen verlegt. Für die eigentliche Aufgabe ist dann gar nicht mehr genügend Konzentrationspotenzial vorhanden. Was sich dann auch im Ergebnis widerspiegelt.

Überlässt man dem Kind die Wahl, wird es nach Tagesverfassung entscheiden, ob es Licht benötigt oder nicht. Daher sollte man sich als Elternteil von vornherein dafür einsetzen, dass das Kind einen hellen, angenehmen Arbeitsplatz erhält. Je wohler sich das Kind fühlt, je besser es sehen kann, desto mehr kann der Fokus auf die eigentliche Aufgabe gelegt werden.

Ausreichende Bewegung

So manch einer mag sich jetzt fragen, warum für ausreichend Bewegung gesorgt werden muss. Schließlich bewegen sich Kinder doch sowieso so viel. Tja, das sollte man denken. Doch leider steigt die Zahl der Kinder, die nicht über die tägliche Bewegung verfügen, die sie benötigen, um sich wirklich wohlzufühlen. Es betrifft auch nicht ausschließlich Kinder in der Stadt, die vielleicht keinen Zugang zu freiem Gelände oder einem Sportverein hätten.

Auch auf dem Lande steigt die Zahl derjenigen, die sich auch nach der Schule lieber mit dem Fernseher oder dem Computer / Internet beschäftigen. Vergessen wir in diesem Zusammenhang auch das Smartphone und das Tablet nicht. Die Zahl der Kinder, die in ihrer Schultüte ein Smartphone finden, steigt. Natürlich kann man die „neuen" Medien dem Kind nicht vorenthalten. Aber ein eigenes Smartphone ist im Alter von 6 Jahren wirklich noch nicht notwendig.

Viel besser wäre die Mitgliedschaft in einer Sportgruppe. Hier stehen neben dem obligatorischen Fußball oder Leichtathletik für die Jungen und dem Ballett oder Turnen für Mädchen viele andere Möglichkeiten zur Verfügung. Es ist selbstverständlich gemäß den Vorlieben des Kindes zu entscheiden.

Wer sich regelmäßig ausreichend bewegt, wird feststellen, dass er innerlich ruhiger ist. Bewegung fördert die Sauerstoffaufnahme, von der man auch nach Beendigung der Bewegung noch über einen längeren Zeitraum zehren kann. Ist der Organismus mit Sauerstoff angefüllt, ist dies eine positive Voraussetzung für die konzentrierte Arbeit.

Des Weiteren sorgt ausreichende Bewegung für die optimale Verknüpfung beider Hirnhälften. Es werden Fein- wie auch Grobmotorik gefördert, was für die eine oder andere Aufgabe des Kindes von Vorteil sein kann.

Ruhe – Pausen zulassen

Lassen Sie Pausen zu. Dies gilt sofort für die Zeit, in der das Kind nach Hause kommt. Nicht jedes Kind ist in der Lage, sich sofort für die Hausaufgaben an den Schreibtisch zu setzen, diese zu erledigen und erst dann zum Essen zu schreiten. Viele Kinder müssen den Vormittag im wahrsten Sinne des Wortes erst einmal verdauen. Kein Wunder, denn an jedem einzelnen Vormittag treffen sie alle auf so viele Eindrücke - gute wie schlechte - dass bei einigen die Aufnahmekapazität einfach ausgeschöpft ist. Dies gilt übrigens für große und für kleine Schüler gleichermaßen. Gerade in der Pubertät kann sich dieses Phänomen noch einmal verstärken.

Doch nicht nur die Ruhe nach der Schule ist wichtig. Auch nach den einzelnen Aufgaben, im Hinblick auf die einzelnen Schulfächer, können kleine Pause eine Wohltat für das Kind sein. Je nachdem, wie lange es für die Aufgabe gebraucht hat, sollte eine Pause von 5 – 10 Minuten eingelegt werden. Allerdings sollten die Pausen nicht zu lang sein, damit nicht der endgültige Funke erlischt und überhaupt keine Lust mehr für die restlichen Aufgaben vorhanden ist.

Generell sollte gelten: Hausaufgaben werden am gleichen Tag gemacht. Denn was erledigt wurde, ist erledigt und kann nicht mehr vergessen werden. Zudem weiß man ja nie, wie viel Arbeit man am nächsten Tag aufgetragen bekommt.

Entspannungstechniken

Verschiedene Entspannungstechniken können dem Kind helfen, sich nach einer erledigten Aufgabe zu sammeln, um die nächste bewältigen zu können. Die Atemtechniken werden im nächsten Absatz behandelt. Für einige Kinder ist es schwierig, sich auf Kurzentspannungen einzulassen. Vielleicht brauchen sie zu viel Zeit, um den Punkt der Entspannung zu erreichen. Aber es werden grundsätzliche Techniken erwähnt, die auch später am Tag, direkt nach der Schule, aber auch während des Unterrichts eingesetzt werden können. Sie können diese Übungen übrigens gut mit dem Kind gemeinsam durchführen. Entspannung kann ja niemandem schaden.

Yoga

Yoga-Übungen gibt es auch schon für kleinere Kinder.

Klassische Musik / Musik

Achten Sie auf die Qualität der Musik. Meditationsmusik ist wunderbar, ebenso Klassik. Manchmal aber muss es etwas Schwungvolles sein, damit das Kind vielleicht dazu tanzen oder herumhüpfen kann, um Energie loszulassen. Rock, Pop, Salsa und so weiter - aber bitte kein Metall, Trashmetal und auch kein Techno! Bei diesen Musikformen wird nämlich Einfluss auf die Herzfrequenz genommen. Und diese dann wieder zu senken, um die Arbeit fortzusetzen, ist recht zeitaufwendig. Mal ganz davon abgesehen, dass die angenehmen Musikarten auch viel besser für die Seele sind. Zudem kann es nicht schaden, sich auch diesen Musikstilen zu widmen, auch wenn das Herz dem Techno oder Trash gehört.

Augen schließen und tief in den Bauch ein- und ausatmen

Ja, so einfach kann die Entspannungstechnik bereits sein. Nein, für die Schule eignet sie sich nur bedingt. Aber zu Hause, zwischendurch bei den Hausaufgaben, ist sie Gold wert. Die Augen entspannen sich und durch die tiefe Bauchatmung entspannt sich die gesamte Muskulatur. Auch für die Erwachsenen ist sie sehr wohltuend. Machen Sie diese Übung also ruhig gemeinsam mit Ihrem Kind. Es wird sich freuen, dass Sie sich dieser Methode anschließen.

Achtsam sein

Viele Leser werden jetzt verwirrt sein. Was die meisten von uns aber gar nicht wissen, ist, dass Stress unter anderem dadurch entstehen kann, dass man das Hier und Jetzt vergisst. Wer dies tut, kann sich folgerichtig auch nicht konzentrieren. Damit steht fest, das Kind muss im Hier und Jetzt verankert werden und dort möglichst bleiben. Wie man das macht? Nun, auch wenn es wie Ausfragen aussieht, sollten Sie Ihr Kind jeden Tag ein wenig ausfragen. Was hat Dir heute am besten gefallen? Warum findest Du Deine Lehrerin heute doof? Was habt Ihr denn beim Sport gemacht? Hast Du viele Hausaufgaben auf? Kannst Du mir beim Vorbereiten des Abendessens heute helfen? Hast Du gesehen – die Zugvögel sind eingetroffen. Es geht um Fragen, die den aktuellen Tag betreffen, um das, was passiert ist und um das, was das Kind vielleicht geplant hat. Manchmal genügt auch schon die Frage „Was machst Du denn gerade?", um das Kind an die Achtsamkeit zu erinnern.

Ein kurzer Spaziergang

Schnappen Sie sich Ihr Kind und dann geht es schnell nach draußen, um mit ein wenig frischer Luft den Kopf durchzupusten. Danach ist wieder genug Raum für ausreichend Konzentration.

Mandalas ausmalen

sie gehören nicht zu den Hausaufgaben dazu. Aber sie bringen ein wenig Entspannung in den Berg der Aufgaben.

Das Haustier streicheln!

Tiere zu streicheln ist automatisch mit Entspannung verbunden.

Atemübungen

Der Atem ist lebensnotwendig, in jeder Sekunde unseres Lebens. So ist es nicht verwunderlich, dass auch er seinen Anteil hat, wenn es um die Konzentration geht und, dass es Atemübungen sind, die die Konzentration wieder hereinbitten können. Warum ist das so? Nun, das Gehirn benötigt nicht nur Energie, sondern vor allem Sauerstoff! Ohne Sauerstoff, das bemerken wir ja auch im Klassenraum immer wieder, kann man sich weder konzentrieren, noch kann man Aufgaben lösen. Im Gegenteil, man wird lediglich schläfrig. Es gibt jedoch einige kleine Methoden, mit denen man die Atmung vertiefen und damit mehr Sauerstoff aufnehmen kann.

- Lege Deine Hand auf Deinen Bauch. Sitze entspannt, aber aufrecht. Wenn Du magst, schließe die Augen. Nun atme in Deine Hand hinein. Dabei wölbt sich Dein Bauch nach Außen und hebt Deine Hand hoch. Nimm Dir Zeit für jeden Atemzug. So tief Du einatmest, so tief atmest Du auch wieder aus. Die ganze Luft möchte wieder nach draußen. Wiederhole diesen Vorgang 10 Mal. Mit dieser Technik kannst Du Dir die Pause zwischen den verschiedenen Fächern nicht nur verkürzen, sondern sie sogar sinnvoll nutzen.
- Für kleinere Kinder: Stellt Euch vor, Ihr seid eine kleine Eisenbahn, eine Dampflok. Wie macht sie? Genau „Tschugtschugtschug“ und „Huuhu“. Naja, Ihr wisst, was gemeint ist. Lasst die Bahn mal schneller, mal langsamer fahren.

- Nur ein Nasenloch: Halte Dir ein Nasenloch zu. Atme nun durch das freie Nasenloch tief ein, die Zungenspitze liegt dabei am Gaumen. Atme durch den leicht geöffneten Mund wieder aus, so gut es geht. Je mehr Luft Du loslassen kannst, desto besser ist es. Bei 7 Atemzügen hältst Du Dir das linke, bei den nächsten 7 Atemzügen das rechte Nasenloch zu. Du wirst sehen, dass schon nach den ersten 7 Atemzügen, mehr Sauerstoff in Deinem Gehirn angekommen ist.

Abwechslungen einbauen

Kennen Sie diese Tage, die so genannten „Murmeltiertage", an denen sich alles genauso abspielt wie am Tag davor und am Tag davor und am Tag davor. Auch diese Tage sind ein absoluter Konzentrationskiller. Für die Abwechslung in der Schule müssen zwangsläufig die Lehrer sorgen, aber zu Hause sind Sie dafür zuständig. Auch wenn es sich vollkommen normal anhört – zu diesem Zweck benötigen Sie nicht nur ein wenig Phantasie, sondern auch viele Gesellschaftsspiele, viel Puzzles, viele Fingerspiele und natürlich auch Zeit, um sich mit dem Kind zu beschäftigen, wenn es nicht gerade mit Freunden spielt.

Wie wäre es zum Beispiel, eigene Möhren und Radieschen im Blumenkübel auf dem Balkon, der Terrasse zu ziehen, wenn man keinen Garten besitzt? Dies ist übrigens auch mit anderen Gemüsearten möglich.

Wie wäre es spontan mit einem Besuch bei der Verwandtschaft oder Freunden, die auch Kinder haben?

Oder einem Besuch im Kino, im Schwimmbad, in einer Bücherei, um neue Abendlektüre zu erhalten.

Manchmal muss der Tagesablauf einfach verändert werden, damit das Kind wieder Spaß an seinem Alltag haben kann, denn für Kinder ist Routine genauso langweilig wie für uns. Zeigen wir den Kindern, dass man die Tagesroutine mit einigen wenigen Kleinigkeiten ganz schnell ändern kann.

Homöopathische Mittel

Homöopathie wird von vielen Menschen gerne eingesetzt, um nicht sofort zu pharmakologischen Mitteln greifen zu müssen. Was viele nicht wissen, ist, dass Homöopathika nicht nur in akuten Fällen eingesetzt werden können. Wird das homöopathische Mittel als so genanntes „Konstitutionsmittel" angewandt, kann beispielsweise eine grundlegende Tendenz zu konkreten Verhaltensweisen gemindert werden.

Je nachdem, ob es sich um eine charakterliche Eigenschaft, die die Persönlichkeit des Kindes ausmacht, oder um eine Eigenschaft, die ausschließlich in bestimmten Situationen entsteht, handelt, kann diese Tendenz eventuell sogar vollständig eliminiert werden. Im anderen Fall wird sie aber so weit gesenkt, dass man mit Hilfe weiterer Methoden die Problematik in den Griff bekommen kann.

Das Konstitutionsmittel sollte stets von einem Fachmann verordnet werden. Sie können hierzu entweder einen Facharzt für Homöopathie oder aber einen Heilpraktiker mit dem Schwerpunkt Homöopathie aufsuchen. Während die Therapie beim Heilpraktiker für die meisten Patienten vollkommen kostenpflichtig ist, können mit einer Zusatzversicherung oder aber einer entsprechenden Zusage der Krankenkasse die Kosten erstattet werden. Gerade bei Kindern machen auch die herkömmlichen, also die gesetzlichen Krankenkassen Zugeständnisse in Bezug auf die Kostenübernahme. Setzen Sie sich im Zweifelsfall rechtzeitig mit ihnen in Verbindung.

Aber zurück zur eigentlichen Therapie mit Homöopathika. Vergessen wir bei der Anwendung von Homöopathika bitte nicht, dass es sich „nur" um bewährte Indikationen handeln kann. Diese sind durchaus in Ordnung.

- Agaricus muscarius, Potenz D12: allgemeine Unruhe und Nervosität; unruhiges, nicht zu stoppendes Zittern; Tendenz zum nervösen Plappern; Verschlechterung des Problems durch geistige Anstrengung sowie morgens; Besserung des Problems durch Schlafen, Ruhe und regelmäßige Bewegung. 3 x täglich 3 Globuli
- Argentum nitriucum, Potenz D12: zappeliges Kind, das nicht zur Ruhe kommen oder stillsitzen kann; impulsiv; Prüfungsangst; allgemein sehr ängstlich vor Bevorstehendem oder Neuem; Heißhunger nach Süßem; Blähungen nach Nahrungsaufnahme. Besser durch Kälte, frische Luft und Druck auf den Kopf. Schlechter durch Wärme, des Nachts, seelische Belastung und Liegen auf der linken Seite. 3 x täglich 3 Globuli

- Zincum metallicum, Potenz D12: extrem schreckhaft; hastige Aufnahme von Nahrung und Flüssigkeiten; dumpfes Gefühl im Kopf; Zucken der Gliedmaßen im Schlaf und sehr unruhige Träume; leicht ablenkbar; empfindlich gegenüber lauten Geräuschen und Musik; Unruhegefühl in den Beinen; tagsüber extrem müde. Besser durch warme, frische Luft, andauernde Bewegung (auch „nur" der Beine), Liegen sowie Reibung. Schlechter durch geistige Anstrengung und Licht. 3 x täglich 3 Globuli
- Coffea, Potenz D12: extrem nervös; stillsitzen nicht möglich; Schlafbeschwerden, da sie nicht abschalten können; Störenfriede in der Schule, dort extrem unruhig und wild; häufige Kopfschmerzen. Besserung durch Wärme, Ruhe, Liegen. Schlechter durch Kälte, Lärm, jegliche Aufregung, starke Emotionen sowie nachts. 3 x täglich 3 Globuli
- Lycopodium clavatum, Potenz D12: Lampenfieber, Prüfungsangst, Erwartungs- und Versagensängste; starkes Verlangen nach Süßem; Zuhause diktatorisch, aufbrausend, in der Schule dagegen extrem angepasst. Besser durch Bewegung, nachts, frische Luft, warmes Essen, Wärme, Aktivität. Schlechter durch mangelnde Bewegung, geistige Aktivität, an der kalten Luft, nach dem Essen sowie morgens. 3 x 3 Globuli.

Nein, diese Liste ist natürlich nicht vollständig. Doch als bewährte Indikation bei akuten Fällen soll sie in diesem Zusammenhang ausreichen. Für alles andere ist der versierte Homöopath zuständig.

Sport

Sport ist ja bei vielen Beschwerden eine gute Lösung. In diesem Fall werden mehrere Fliegen mit einer Klappe geschlagen:

- Der Körper wird mit zusätzlichem Sauerstoff versorgt.
- Die Muskulatur wird gestärkt.
- Das Immunsystem wird gestärkt und unterstützt.
- Die Fein- und auch die Grobmotorik werden geschult.
- Bei erfolgreicher Bewegung / Ausführung der Sportart wird das Selbstbewusstsein, das Selbstvertrauen des Kindes gestärkt.

In Folge sollte sich eine grundsätzliche Konzentrationssteigerung einstellen.

Folgende Sportarten sind empfehlenswert:

- Ausdauersportarten: Schwimmen, Laufen, Walking, Radfahren usw.
- Teamsportarten: Fußball, Handball, Eishockey, American Football, aber auch Tennis im Team und andere Teamsportarten
- Yoga für Kinder
- Tai Chi
- Qi Gong

- Kampfsportarten wie Kung Fu, Karate, Aikido, Judo
- Fechten
- Reiten
- Hundesport
- Bogenschießen
- Sportschießen
- Tanzen
- Skate Board Fahren
- Golf
- Stand Up Paddling
- Surfen
- Tischtennis
- Trampolinspringen
- Geräteturnen
- Leichtathletik
- Tauchen / Schnorcheln
- Meerjungfrauen-Schwimmen

Ja, die Liste ist ziemlich lang und vermutlich nicht vollständig, aber es ist sicherlich für jeden das Passende dabei.

Mehr Lernerfolg in der Schule

Als Eltern sind wir doch irgendwie alle gleich: Wir wünschen uns den größtmöglichen Erfolg unseres Kindes in der Schule. Dies ist natürlich ein wenig schwierig zu erreichen, wenn Konzentrationsstörungen vorhanden sind. Allerdings ist die Konzentration nicht die einzige Komponente, die über den Erfolg herrscht. Auch die Art des Lernens ist maßgeblich daran beteiligt.

In Deutschland wird vorwiegend mit dem Frontalunterricht gearbeitet. Das bedeutet, dass der Lehrer von einem vorderen Pult aus das Wissen vermittelt. Die Kinder sitzen dann in unterschiedlich angeordneten Sitzordnungen und schauen nach vorn, wo der Lehrer doziert. Je nach Veranlagung des Lehrers kann dies ein Monolog oder aber eine aktiv gestaltete Unterrichtsstunde sein, bei der die Kinder bestmöglich in den Lehrvorgang integriert werden. Es verwundert nicht wirklich, dass nicht alle Kinder mit diesem Prinzip konform gehen können. Das liegt an der Tatsache, dass es unterschiedliche Lerntypen gibt. Gehört man also den falschen Lerntyp an, hat man im hiesigen Schulsystem vom ersten Tag an verloren, oder doch nicht?

Verschiedene Arten von Lerntypen

Welcher Lerntyp ist eigentlich mein Kind? Dazu muss man die einzelnen Lerntypen erst einmal kennen.

Der auditive Lerntyp

Gehörte Informationen können am besten aufgenommen, verarbeitet, behalten und erinnert werden. Der auditive Lerntyp kommt mit dem deutschen Frontalunterricht am besten klar. Werden allerdings Tabelle, Diagramme oder Bilder ohne weitere Erklärung ausgehändigt, ist er derjenige, der die mündliche Erklärung einfordert. Hört er sich Thesen und Erklärungen an, leuchten ihm die Dinge ein. Er kann sie verstehen. Gibt es allerdings zu schriftlichem Material keine mündliche Erklärung, ist er zwar nicht aufgeschmissen, jedoch fehlt nun einiges an Informationen, die er lieber verbal erhalten hätte.

Der visuelle Lerntyp

Er liebt es, seine Informationen über die Tafel, Diagramme, Tabellen und natürlich Bücher bzw. dem PC zu erhalten. Was er sieht, kann er sich merken, kann er verstehen. Soll er die Informationen über seine auditiven Sinne aufnehmen, tut er sich schwer. Selbst beim faszinierendsten Hörbuch kann er leicht den Faden verlieren. Er liest lieber das Buch dazu.

Der motorische Lerntyp

Sein Motto ist das „Learning by Doing". Am liebsten würde er stets Hand anlegen, um den Lehrinhalt zu verstehen. Dies ist natürlich gerade in den deutschen Regelschulen nicht so einfach möglich.

Eigene Erfahrungen sammeln und eigenständige Schlüsse aus diesen Erfahrungen sammeln, ist für sie der einzige Weg, die Zusammenhänge des großen Ganzen erkennen zu können. Für sie ist das Übergeordnete das Ziel. Die Einzelergebnisse sind lediglich Zwischenschritte auf dem Weg dorthin.

Der kommunikative Lerntyp

Geht es um Diskussionen und Gespräche ist er in der ersten Reihe mit dabei. Gibt es keinen Dialog, keine Diskussion, wird sich ihm der Lehrstoff nicht eröffnen. Er fasst jede Erklärung, jede These noch einmal in eigenen Worten zusammen, stellt sie gleichermaßen infrage und wird, da Wörter sein Liebstes sind, versuchen, eine eigene sinnvolle und möglichst bessere Lösung zu präsentieren. Alleine lernen zu müssen, ist ihm ein Gräuel. Mit wem sollen dabei die Ergebnisse diskutieren oder die Aufgabenstellung in Frage gestellt werden? Interessanterweise lernt er dabei nicht den eigentlichen Lehrinhalt, sondern nimmt diesen über die wiederlegenden oder bestätigenden Argumente auf. Kann er keine Fragen zum aktuellen Thema stellen, kann er dieses Thema nicht beherrschen, nicht verstehen.

Na, haben Sie Ihr Kind schon erkannt? Nicht immer sind die Typen eindeutig. Oft wird sich ein Schwerpunkt ausmachen lassen, aber einer der anderen Punkte ebenfalls zutreffen. Macht nichts – es kann auf diese Weise, nämlich zweigleisig, viel mehr Lehrinhalt aufgenommen werden.

Typgerechte Lernmethoden - Welche Lernmethoden sollten angewandt werden?

Der auditive Typ

Soll er sich Informationen durch Lesen aneignen, ist es sinnvoll, dass er die Texte laut liest (wenn dies möglich ist). Ansonsten bleibt nicht so viel wie notwendig hängen. Da nicht alle Aufgaben mündlich bearbeitet werden sollen, was diesem Typ am besten liegt, kann man die Ergebnisse in Form eines Vortrages zusammenfassen und vor dem Spiegel oder den Eltern präsentieren. Hat man es nun verstanden und sich das Wissen gesetzt, wird man es auch wieder auf Papier bringen können. Auch Selbstgespräche während der Aufgabenbearbeitung oder des Vokabellernens kann eine große Hilfe sein, auch wenn es etwas merkwürdig anheimelt. Den Lehrstoff aufzunehmen, etwa auf dem Smartphone oder dem PC, ist eine tolle Idee, um ihn lernen zu können. Auch die Wiederholungen sind so einfacher. Und noch eines: Lasst beim Lernen unbedingt die Musik- oder andere Geräuschkulissen ausgeschaltet. So ist die Konzentration auf den Lehrstoff einfacher, die Ablenkung geringer.

Der visuelle Typ

Dieser Schüler sollte stets mit Stift und Papier bewaffnet sein, um sich so viele Notizen zu machen, wie es nur möglich ist. Sollte er im Unterricht etwas nicht verstanden haben, wird er dies in seinen Aufzeichnungen garantiert wiederfinden und noch einmal wiederholen können. Mind-Maps, Diagramme, Skizzen, Tabellen –

das ist die Welt dieses Lerntyps. Auf diese Weise klären sich die Zusammenhänge und fast wie von selbst ergibt sich das Verständnis. Im Internet, in Bibliotheken – überall gibt es weitere Informationen zum Lehrstoff. Diese gilt es durchzuforsten, um das vollständige Verständnis zu erreichen. Der visuelle Lerntyp ist derjenige, der mit tausenden von Karteikarten am besten lernen kann. Es kann helfen, den Lehrstoff mit eigenen Worten wiederzugeben. So kann auch im Unterricht die korrekte Antwort gegeben werden. Reicht dies immer noch nicht, kann anstelle der Karteikarten auch zu selbstgestalteten Plakaten zu dem Thema gearbeitet werden.

Der motorische Typ

Dieses Kind benötigt Lehrmaterial zum Anfassen. Hierzu gehören neben Scrabble die Experimentierkästen, Bastelmodelle und anderes Zubehör, mit dem auf das Ziel hingearbeitet werden kann. Nicht nur die Montessori-Pädagogik und ihre Materialien können hierbei hilfreich sein. Zudem kann es sinnvoll sein, Freunde zum Lernen einzuladen, um die Modelle und andere Lehrinhalte gemeinsam nachzubauen. Wenn möglich, sollten die Erkenntnisse aus dem Unterricht in den Alltag eingebaut werden. Dies ist natürlich nicht immer möglich. Dennoch kann vieles alltagstauglich umgesetzt werden, ohne die eigentliche Lehrerkenntnis zu verfälschen.

Der motorische Typ kann sich durch Bewegung mit trockener Theorie auseinandersetzen, sie auf diese Weise auswendig lernen. Auch das stete Kneten des Anti-Stress-Balls oder das Drehen des Kugelschreibers in den Fingern kann diesen Effekt erzielen.

Der kommunikative Typ

Alleine zu lernen ist ein Akt der Unmöglichkeit. Diese Kinder sollten immer mit den Eltern oder Klassenkameraden zusammen lernen. Ihnen kann man die Aufgabenstellung nahebringen und auch gleich die Lösung präsentieren. Auch Rollenspiele sind denkbar. Natürlich muss über die Aufgabenstellung diskutiert werden, bevor sie ernsthaft angegangen wird. Für diesen Lerntyp sind Spiele wie „Stadt, Land, Fluss", „Wer wird Millionär?" oder „Travial Persuit" bestens geeignet. Hat ein Spiel keinen Lehrinhalt, warum spielt man es dann?

Motivation für mehr Lernerfolg

Motivation ist das A und O, um einen konstanten Lernerfolg von der ersten bis zur dreizehnten Klasse aufrechterhalten zu können. Die Frage ist natürlich, wie man sie über diesen langen Zeitraum aufrechterhalten kann. Ja, sicherlich wird es zwischendurch immer wieder einmal zu Durststrecken kommen. Das macht auch nichts, solange das Kind sich nicht in und von dieser Durststrecke einfangen lässt. An diesem Punkt kommen Sie dann wieder ins Spiel, um die Motivation wieder aufzubauen.

Verschiedene Arten von Motivation bei Kindern

Jedes Kind ist anders. So braucht auch jedes Kind eine andere Form der Motivation. Da Kinder aber manchmal recht launisch sein können, ist es nicht immer einfach, die Tagesverfassung zu „erraten" und die beste

Form der Motivation zu erwischen. Spätestens in der Pubertät wird es dann sogar zum Spießrutenlauf, wenn Mutti wieder versucht, das liebe Kind aufzuheitern. Eine stabile Ganzkörperrüstung kann in dieser Zeit von Vorteil sein.

Wie motivieren Sie Kinder?

- Wecken Sie die Neugierde des Kindes, immer wieder Neues zu entdecken, Neues lernen zu wollen, um die Welt zu verstehen und seinen Platz im Leben zu finden.
- Auch wenn es schwerfällt – zeigen Sie sich immun gegenüber den Noten in der Schule, die das Kind mit nach Hause bringt. Wichtig für das Kind sind die Lehrinhalte. Interessieren Sie sich also dafür. Wenn Sie sich nun noch die eine oder andere Aufgabe von dem Kind erklären lassen, „weil Sie damals derartige Aufgaben nicht machen mussten", wird das Kind dies mit Freude machen, denn nun haben Sie Gemeinsamkeiten in der Schule, im Lehrinhalt gefunden. Wer weiß, was Sie noch alles vom Kind lernen können?
- Ohne Hobbys geht es nicht. Aber diese sollten für einen bestimmten und vorher festgelegten Zeitraum auch tatsächlich aktiv betrieben werden. Eines ist sicher: Egal ob in der Schule oder im Hobby, ist es immer dasselbe – Übung macht den Meister! Unterstützen Sie Ihr Kind darin.
- Auch wenn das Kind es öfters hören muss, bevor es in seinem Langzeitgedächtnis eintrifft

und verstanden wurde – erklären Sie dem Kind geduldig immer wieder und wieder, warum es lernen muss. Warum es wichtig ist, dass es nicht nur in den Fächern lernt, die es gut kann, sondern umso mehr in denen, die es nicht so gut kann. Fragen Sie nach, welches Ziel es im Leben anstrebt (in Bezug auf die berufliche Ausrichtung, aber auch der familiären Ausrichtung). Wer ein Ziel hat, das er anvisieren kann, hat einen guten Grund, sich ins Zeug zu legen!

- Zeigen Sie dem Kind gegenüber stets eine positive Einstellung zum Lernen und zu den Aufgaben, die die Lehrer aufgeben. Ja, das kann eine große Herausforderung sein, da man nicht immer mit den Lehrern, ihren Methoden oder Aufgabenstellungen konform geht. Dennoch ist es notwendig, um das Kind auch für die ungeliebten Fächer immer wieder zu motivieren.
- Achten Sie darauf, dass es sich um die Aufgaben des Kindes handelt. Deshalb sollte die Unterstützung nicht frühzeitig angeboten werden. Es ist die Aufgabe des Kindes, sich zunächst an dem Problem zu reiben. Erst wenn gar nichts mehr geht oder das Kind tatsächlich keine Lösungsansätze sieht, können Sie einschreiten.
- Haben Sie Geduld. Nein, die Geduld ist oft ein flüchtiges Etwas. Doch sie ist notwendig, um dem Kind zu vermitteln, dass man zum Lernen (zumindest in den ersten Jahren) alle Zeit der Welt hat. Stress ist nicht notwendig, ja sogar kontraproduktiv.

Motivation versus Erpressung

Natürlich ist es nicht richtig, sein Kind mittels Erpressung zu irgendetwas motivieren zu wollen. Das Problem liegt allerding meist in der Wortwahl. Wir versuchen, das Richtige zu sagen und zu machen, um das Kind zu motivieren. Beim Kind kommt es aber eher wie eine Erpressung an.

Eigentlich sollten Eltern wissen, dass die berühmt-berüchtigten „Wenn-Dann"-Sätze reine Erpressungsmechanismen sind und daher nicht im Vokabular der Eltern vorkommen sollten. Leider wird oftmals bereits bei kleinen Kindern mit dieser Methodik begonnen, meist unbewusst. Wüsste man, was man dabei bei den Kindern auslöst, würde man dieses Instrument der deutschen Sprache überhaupt nicht einsetzen.

Einige Beispiele für „Wenn-Dann"-Sätze, die uns immer wieder einmal rausrutschen:

- Wenn Du Oma keinen Kuss gibst, dann ist sie aber traurig.
- Wenn Du nicht aufisst, wird morgen die Sonne nicht scheinen.
- Wenn Du Dein Zimmer nicht aufräumst, kannst Du nicht mit Deinen Freunden spielen gehen.
- Wenn Du Deine Hausaufgaben nicht machst, gibt es keinen Nachtisch und obendrein eine schlechte Zensur.

Ganz ehrlich – Motivation geht anders. Sicherlich ist es notwendig, dass die Spielregeln, die innerhalb der Familie aufgestellt werden, auch eingehalten werden und jedes Kind kann ab einem bestimmten Alter verschiedene Aufgaben im Haushalt übernehmen (natürlich altersgerecht). Ganz selbstverständlich wird sich das Kind auch einmal weigern. Dies ist jedoch ein normales Verhalten.

Wichtig ist, die Ursache für die Weigerung zu finden. Bei den Schulaufgaben kann es vielleicht daran liegen, dass das Kind sie nicht verstanden hat. Dann sind Sie im Zugzwang, die Aufgaben erklären zu müssen, wenn dies möglich ist. Vielleicht aber auch war der Vormittag im Unterricht bereits so anstrengend, dass das Kind einfach nicht mehr in der Lage ist, die notwendige Konzentration alleine aufzubauen. Der gleiche Grund kann auch vorliegen, wenn die Aufgaben im Haushalt nicht gemacht werden. Manchmal sind die Kinder tatsächlich so ausgepowert, dass sie, krass gesprochen, eine Mittagsruhe, einen Mittagsschlaf benötigen.

Lassen Sie das Kind gewähren. Gerade in den ersten Schuljahren kann der Schulalltag für viele Kinder eine große Belastung sein. Eine kleine Mittagsruhe ist da natürlich eine sehr gute Lösung, um die Akkus wieder zu füllen und die Nerven zu beruhigen. Damit steigt natürlich auch wieder die Konzentration.

Die Konzentration einfordern

Eigentlich ist es falsch ausgedrückt, denn Konzentration ist entweder vorhanden oder auch nicht. Aber man kann natürlich von dem Kind einfordern, sich bestmöglich zusammenzunehmen, um die notwendigen Aufgaben zu erledigen. Da braucht es ein wenig Fingerspitzengefühl, um mit dem Kind zu einer Einigung zu kommen. Wie bereits gesagt: „Wenn-Dann"-Sätze werden vielleicht vorübergehend zum Erfolg führen, ABER sie sind halt nicht motivierend und damit weder dauerhaft erfolgreich noch vertrauensfördernd. Beachten Sie bei der Kommunikation, dass Sie sich freundlich, aber ganz klar ausdrücken. Wischi-Waschi-Ansagen werden die Kinder ausnutzen, um ihr Schlupfloch zu finden.

Was aber ebenfalls zum Erfolg führen wird, ist eine verständnisvolle Auszeit, in der eine der kurzen Konzentrationsübungen durchgeführt werden kann. Bei Bedarf kann dies nach jeder einzelnen Aufgabe der Hausaufgaben durchgeführt werden. Sicherlich nimmt dies viel Zeit in Anspruch, aber manchmal ist dies der einzige Weg, wie die Konzentration gehalten werden kann. Führen auch die Übungen nicht zum Erfolg, bleibt nichts anderes übrig, als eine Pause einzulegen, in der das Kind einfach einmal die Seele baumeln lassen kann.

Achtung: Kinder sind bekannt dafür, dass sie genau wissen, welche Knöpfe sie bei den Eltern drücken müssen, daher müssen diese aufpassen, dass das Kind nicht dauerhaft auf der "ich kann mich nicht konzentrieren"-Schiene fährt. Das wäre dann ja eine glatte Arbeitsverweigerung. Diese kann natürlich nicht toleriert werden.

Das sollte vermieden werden

Es gibt Dinge und Sätze, denen man ein Kind niemals aussetzen sollte. Sie sind zwar meist nicht so derbe gemeint, wie sie sich anhören und dennoch werden sie bei dem Kind eine Wirkung erzielen, auch wenn es diese nicht zeigt. Gerade die Wirkungen, die sich im Unterbewusstsein abspielen, sind es, die dem Kind irgendwann als Stolpersteine vor die Füße rollen.

- Vergleich zu anderen Schülern. Warum hat der schon wieder eine bessere Note als Du?
- Hast Du wieder nicht gelernt?
- Das hättest du besser machen können.
- Hab' ich es nicht gleich gesagt?
- So wird das nie etwas.
- So wird nie was aus Dir.
- Nimm die Finger weg, dann mach ich das schnell.
- Das interessiert mich nicht.
- Ich habe jetzt Wichtigeres zu tun.
- Was soll aus Dir nur werden? (negativer Unterton)
- Stell Dich nicht so an.
- So schwer kann das doch nicht sein.
- Wie kann man nur so doof sein?
- So blöd kann man doch nicht sein.
- Das hättest Du besser machen können.

Bedenken Sie, dass es sich hierbei ausschließlich um die Lernerfolge des Kindes handelt. Natürlich sollten diese und ähnliche Sätze auch in anderen Situationen nicht gesagt werden, denn sie hinterlassen bei dem

Kind einen faden Nachgeschmack, ein Gefühl des Versagens. Wenn sie öfter fallen, wird das Kind irgendwann von der Aussage des Satzes überzeugt sein.

Auch die Ironie und der Zynismus sollten gegenüber einem Kind nicht zum Einsatz kommen. Es versteht diese beiden Mechanismen noch gar nicht und nimmt daher die Worte, aber auch die unausgesprochenen Inhalte als bare Münze und versucht sie in ihr kindliches Verständnis einzugliedern. Nein, das kann es nicht, ganz richtig. Und genau deshalb ist es die Aufgabe der Eltern, sich diesbezüglich im Zaum zu halten.

Wenn nichts hilft - Ab wann zum Arzt?

Seien wir ehrlich: So sehr wir Eltern, die Lehrer, Trainer und andere Betreuer auch noch bemüht sind, so resistent erweisen sich manchmal unsere Zöglinge. Sicherlich, man muss hier sehr genau hinschauen, denn ein wenig Resistenz gegen die elterliche Erziehung ist ja irgendwie auch normal. Allerdings dürfen verschiedene Szenarien nicht auftreten. Werden gewisse Grenzen überschritten, genügen unsere Bemühungen nicht aus und es ist an der Zeit, den Facharzt aufzusuchen.

Wenn dauerhaft das Familienleben unter dem Kind und den Folgen seiner Konzentrationsstörungen leidet, insbesondere wenn weitere Kinder betroffen sind

1. Wenn die persönliche Entwicklung des Kindes in allen Bereichen stagniert

2. Wenn es sich in der Schule nicht eingliedern kann

3. Wenn es die Anforderungen der Schule für ein erfolgreiches Lernen (das seinerseits individuell definiert werden muss) nicht erfüllen kann

4. Wenn tatsächlich eine diagnostizierte Krankheit vorliegt, die es nicht zuläßt, dass ein Konzentrieren per se überhaupt möglich wäre wie ...

...ADHS

Sollte ADHS in einem Kompetenzzentrum für ADHS nach eingehenden Tests diagnostiziert worden sein, wird in selbigem Zentrum auch die mögliche Behandlungsweise zusammengestellt und mit den Eltern besprochen werden. Es hängt von den Tendenzen innerhalb des ADHS-Spektrums ab, wie behandelt werden muss. Dies beinhaltet auch die Vergabe von Medikamenten. Bitte bedenken Sie, dass Medikamente IMMER Nebenwirkungen haben. Zudem bedeuten sie einen tiefen Eingriff in das Leben des Kindes und daher sollte die Vergabe von Medikamenten bei ADHS IMMER der letzte, mögliche Schritt sein. Bei leichten und mittelschweren Fällen sollte daher davon abgesehen werden, auch wenn man sagen muss, dass die Wirkung durchaus übertrefflich sein könnte.

Da Ritalin (*wirkt anregend, unterdrückt Müdigkeit und wirkt antriebs- und leistungssteigernd*) und Co. aber durchaus auch als Drogen- / Drogenersatz eingesetzt werden können, sollte man sich über eine schnelle Verschreibung nicht freuen, sondern sie zunächst, eventuell mit einer zweiten Meinung, hinterfragen. Wie bereits beschrieben wurde, sind ausschließlich Fachärzte mit einer entsprechenden Fortbildung und langjähriger Erfahrung sind tatsächlich in der Lage, das gesamte Spektrum der ADHS nicht nur zu erkennen, sondern auch entsprechend zu beurteilen.

...Lese-Rechtschreib-Schwäche

Die Frage, wie zu behandeln ist, liegt in der Ursache. Für gewöhnlich sind speziell auf LRS ausgerichtete Lesebücher eine große Hilfe. Je nach Ursache können einfache Nachhilfestunden, Ergo-, aber auch Logopädie unterstützend helfen. Spezielle Schreib- und Leseübungen sind notwendig. Diese können auch computergestützt durchgeführt werden. Leider übernehmen nicht alle Krankenkassen eine LRS-Behandlung. Es sollte vor Beginn danach gefragt werden. Mitunter ist es die ursächliche Problematik, die zu einer Verordnung führen kann und daher obliegt es oft den Eltern, die Förderung der Kinder zu übernehmen. LRS ist per se nicht heilbar, kann aber sehr gut gebessert werden, sodass es nicht mehr offensichtlich mit sich herumgetragen wird. Unter anderem hilft das Schreiben auf der Computertastatur im 10-Finger-System. Hierfür stehen kostenfreie Online-Lehrgänge zur Verfügung.

...Dyskalkulie

Nicht jedermann ist mit einem ausgeprägten Zahlenverständnis gesegnet. Bei der Dyskalkulie stehen wir vor der gleichen Problematik wie bei der LRS. Auch hier sollte im Vorweg geklärt werden, ob und welche Maßnahmen von der Krankenkasse getragen werden. Definitiv aber ist eine spezielle Förderung notwendig. Diese werden oftmals von Volkshochschule in besonderen Kursen für die unterschiedlichen Altersgruppen angeboten.

...Psychische Erkrankungen

Sie sind grundsätzlich vom Kinderarzt und nachgeschalteten Fachärzten diagnostiziert und zu behandeln. In diesem Bereich sind viele Szenarien denkbar, die oftmals pauschal unter dem Begriff der „Verhaltensstörungen“ abgetan werden. Meist haben Eltern mit Kindern dieser Diagnose einen langen Weg vor sich.

...Physische Erkrankungen

Es gibt tatsächlich einige physischen Erkrankungen, die dazu führen können, dass eine ausreichende Konzentration nur schwer zu bewerkstelligen ist. Hierzu gehören einige hormonelle, aber auch funktionelle Erkrankungen, wie Schilddrüsenerkrankungen, Durchblutungsprobleme des Gehirns, Herz-Kreislauf-Probleme und, sie dürfen in der Pubertät nicht außer Acht gelassen werden, Alkohol- und Drogenkonsum. Grundsätzlich sollte jedes Kind, dass keine erkennbare Ursache für Konzentrationsstörungen aufweist, von den entsprechenden Fachärzten wortwörtlich auf den Kopf gestellt werden, um physische Ungleichgewichte zu erkennen. In diesem Bereich ohne fachliche Kompetenz vorzugehen, wäre unverantwortlich.

...Die Händigkeit

Nicht alle Kinder sind von Geburt an Rechtshänder. Viele Kinder kommen als Linkshänder zur Welt und eignen sich die Rechtshändigkeit an, weil es in ihrem Umfeld jeder so macht. Leider fällt es oft nicht auf, dass diese Kinder viele Dinge nur aufgrund des Gebrauchens der falschen Hand nicht ausführen können. Man benötigt, um die korrekte Händigkeit herauszufinden, einen sogenannten Händigkeitstest.

ABER dieser sollte, wieder einmal, von einem kompetenten Therapeuten ausgeführt werden. Sicherlich kennen alle Ergotherapeuten den einfachen Händigkeitstest. Dieser ist allerding bei weitem nicht aussagekräftig, denn Kinder, die mit der falschen Hand schreiben und malen, müssen alles gewissermaßen über Kreuz erledigen, was nicht nur Energie, sondern auch einen großen Teil der Konzentration raubt. Die

Händigkeit kann tatsächlich korrigiert werden, wenn man zum rechten Zeitpunkt damit beginnt. Ob es sinnvoll ist, hängt vom Grad der Beeinträchtigung ab. Tatsache ist aber, dass nach der Korrektur diverse Knoten gelöst sein werden, unter anderem das Konzentrationsproblem. Oftmals wird man auch feststellen, dass das Kind endlich im Rahmen seines tatsächlichen Potenzials agieren kann. Auch wenn es nicht alle Lehrer und Eltern so sehen, ist die Händigkeit doch ein ganz wichtiger Punkt in der Entwicklung eines Kindes.

Die ärztliche Behandlung bzw. Diagnostik kann recht langwierig und aufwendig sein. Für das Kind ist es nicht immer ein Spaziergang und deshalb ist es wichtig, nicht vorzeitig vorzupreschen und den Arzt zu konsultieren. Vertrauen Sie darauf, dass die Lehrer, Betreuer und natürlich auch Sie als Eltern ein wachsames Auge auf das Konzentrationsverhalten des Kindes haben und auch einschätzen können, ob sich die eigenen Bemühungen auszahlen, die Situation stagniert oder gar schlimmer wird.

Wie auch immer Sie vorgehen, zeigen Sie dem Kind jederzeit und ausreichend, dass Sie voll hinter ihm stehen, es deshalb nicht weniger liebhaben und im Zweifelsfall sogar, dass die schulischen Leistungen zurzeit nebensächlich sind. Ja, dabei müssen Sie vielleicht über Ihren Schatten springen und die Erwartung, die Eltern ja nun einmal an ihr Kind stellen, herabschrauben. Dennoch: Das Kind braucht Ihren vollen Rückhalt. Es ist schon schwer, die Konzentration nicht halten zu können. Kommen zudem auch noch diverse Arzt- und Therapiebesuche hinzu, muss es sich voll auf Ihre bedingungslose Unterstützung verlassen können.

Teil 2: Praxis

Das ganze Buch hat Ihnen nun ausreichend Informationen geliefert, um die verschiedenen Situationen mit Ihrem Kind meistern zu können. Die ganze Theorie kann allerding nicht davon ablenken, dass man auch einen ganzen Haufen Übungen benötigt, um die Konzentration zu fördern, ohne dass das Kind es merkt. Die Übungen sollten allerdings der Altersstufe angepasst sein. Anderenfalls kann es tatsächlich passieren, dass man das Kind selbst mit einer kleinen Übung überfordern kann. Auch andersherum sollte man achtsam sein. Gerade bei älteren Kindern kann es durchaus vorkommen, dass sie sich nicht mehr mit den Übungen für die jüngeren Altersstufen abgeben möchten. Also sollten Sie am besten Übungen für alle Altersklassen an der Hand haben – von Anfang an.

Zunächst jedoch etwas Allgemeines zu den Übungen: Die Kinder sollen Spaß an den Übungen haben. Sollten sie also an Einer einmal überhaupt kein Interesse haben, ist das nicht so schlimm. Weichen Sie einfach aus. Sie haben ja die große Auswahl.

Bitte bedenken Sie an dieser Stelle wieder, dass jedes Kind in seinem eigenen Tempo lernt, sich in seinem eigenen Tempo entwickelt. Die Altersangaben für die Übungen sind daher nur als Richtlinie zu betrachten. Sie können natürlich auch das Kind auswählen lassen. Nein, vielleicht nicht jedes Mal, aber doch hin und wieder, sodass es sich nicht von den Übungen überrollt oder dazu gezwungen fühlt. Auf diese Weise fühlt es sich in den Übungsprozess und die persönlichen Fortschritte besser eingebunden und kann im Nachhinein sagen, dass es mit den eigenständig ausgewählten Übungen viel Erfolg hatte. Mit dieser Vorgehensweise schlagen wir Eltern zwei Fliegen mit einer Klappe und stärken auch noch das Selbstbewusstsein und das Selbstvertrauen des Kindes.

Ein Letztes: Bitte halten Sie sich bezüglich dieser Übungen an die Übungszeiten. Es handelt sich hierbei um die Zeitspanne, die nicht überschritten werden sollte. Planen Sie die Pausen konkret ein. Bei Bedarf stellen Sie sich einen Wecker auf dem Smartphone, mit einem unauffälligen, angenehmen Ton. Möchte das Kind die Übung nach der Pause wiederholen, so ist dies natürlich kein Problem. Achten Sie allerdings darauf, dass die Übungen sich nicht zu oft wiederholen. Es soll schon eine gewisse Rotation in Gang kommen.

- 4- bis 5-jährige Kinder = max. 10 Minuten
- 6- bis 7-jährige Kinder = max. 15 Minuten
- 8- bis 9-jährige Kinder = max. 20 Minuten
- 10 Jahre und älter = max. 25 bis 30 Minuten

Sicher – befinden Sie sich gerade erfolgreich mitten in einer Übung, sollte diese auch zu Ende geführt werden. Allerdings sollte knapp vor Ende dieser Zeitspanne keine neue Übung begonnen werden. Dann ist es schon besser, die Pause vorzuziehen. Diese sollte übrigens zwischen 5 und 10 Minuten andauern. Mehr wird gar nicht benötigt.

Übungen und Spiele für 5-7-Jährige

Knöpfe sortieren

Diese Übung kann man bereits mit jüngeren Kindern praktizieren. Hierbei sind diverse Varianten möglich – nach Farbe, nach Größe, mit 2 oder mit 4 Löchern, runde, ovale, eckige. Diese Übung bietet so viele Möglichkeiten, dass sie niemals langweilig wird. In dieses Spiel können auch Oma und Opa eingebunden werden. Dabei kann nichts falsch gemacht und auch nicht geschummelt werden. Wem es zu einfach erscheint, der kann ja seine Sortieraufgabe auf Zeit machen. Dann ist die notwendige Konzentration größer.

„Suche die Ruhe und halte sie fest"

Was sich einfach anhört (zumindest für uns Erwachsene), ist für Kinder oft gar nicht so einfach. Der Grund dafür ist oftmals gar nicht sofort greifbar. Einige Kinder haben Angst vor der Stille. Anderen missfällt der Prozess, des „In-sich-hinein-horchens", der nur in der Stille möglich ist, denn hier kann vieles auftauchen: Ereignisse des Tages, Gefühle und natürlich auch Dinge aus der Vergangenheit, die sich nicht gut anfühlen. Aus diesem Grunde ist es wichtig, das Kind zunächst bei der Übung zu begleiten. Am besten, Sie machen sie gemeinsam mit dem Kind. Aber Vorsicht – schlafen Sie bitte nicht dabei ein. Falls sich das Kind in der Stille ängstigt, müssen Sie ihm Geborgenheit, Sicherheit geben. Nur so kann es lernen, dass die Stille keine Gefahr, sondern ein Verbündeter ist. Hat das Kind erst einmal festgestellt, wie gut das Erfahren der Stille ist, wird es sich ab und zu von allein zurückziehen und die Stille suchen. Am Anfang ist es absolut ausreichend, wenn diese Übung nur wenige Minuten andauert. Doch sollte man bestrebt sein, diesen Zeitraum auszuweiten, vielleicht zunächst nur um eine Minute. Sie werden sehen, dass es bei den meisten Kindern ganz schnell geht. Für Kinder, die sich in der Stille fürchten, kann es hilfreich sein, wenn Sie ihnen die Hand auf den Bauch legen – ganz leicht wie eine Feder. Alternativ können bei Angst die drei Schutzmäntel der dreifaltigen Flamme um das Kind gelegt werden, in Weiß, in Blau und in Rot. Das Kind soll sich diese drei Schutzmäntel vorstellen, als wäre es vollkommen in sie eingehüllt. Nichts Negatives kann mehr von außen zu ihnen durchdringen. So geschützt können sie der Stille besonders aufmerksam lauschen. Diese Übung ist übrigens für alle Altersstufen gedacht.

„In die Stille lauschen"

Herbei handelt es sich um die Fortsetzung der vorherigen Stille-Übung. Dieses Mal geht es nicht nur darum, die Stille annehmen zu können, vielmehr geht es um die Geräusche, die eine Stille mit sich bringt. Was kann alles in der vermeintlichen Stille gehört werden? Der eigene Atem, die Magen- oder Darmgeräusche? Vielleicht sind es auch die Vögel vor dem Fenster, die zwitschern oder die Autos, die auf der Straße vorbeifahren. Möglich, dass in der Küche der Wasserhahn tropft oder die Waschmaschine im Schleudergang gerade ganz laut scheppert. In jedem Haus, in jeder Wohnung, vielleicht sogar in jedem Raum gibt es andere Geräusche, die sich einfangen lassen. Mal sehen, was Sie mit Ihrem Kind alles hören können.

„Den eigenen Atem spüren“

Entweder setzt sich das Kind hierzu gemütlich, aber aufrecht, auf einen Stuhl oder legt sich lang hin. Die eine Hand wird nun auf den Bauch gelegt. Nun wird tief in den Bauch hinein geatmet. Dabei hebt sich die Hand mit der Bauchdecke ein kleines Stück an. Beim Ausatmen senken sich beide wieder. Der Atem sollte dabei gleichmäßig gehen. Überprüfen Sie dies, wenn das Kind es selber nicht spüren kann. Gemeinsam wird es schon klappen.

„Wie lange dauert eine Minute?“

Nicht alle Kinder können in diesem Alter die Zeit korrekt einschätzen, was auch wirklich schwer sein kann. Machen Sie einfach mit und setzen für Sie beide einen Timer auf eine Minute. Mal schauen, wer von Ihnen beiden die Zeitspanne einer Minute besser einschätzen kann.

„Mandalas ausmalen“

Diese Übung braucht wohl nicht erklärt zu werden. Man kann sie bis ins hohe Seniorenalter zum Erhalt der Konzentration durchführen. Achten Sie bei den Kindern bitte darauf, dass nicht einfach nur gekritzelt wird. Es sollen die vorgegebenen Linien so gut wie möglich eingehalten werden. Für die verschiedenen Altersstufen sind unterschiedlich schwere Mandalas erhältlich, auch zum kostenlosen Ausdrucken aus dem Internet. Motive gibt es für jeden Anlass, für jede Jahreszeit. Langeweile wird hierbei nicht aufkommen.

Vorlesen

Viele Eltern beginnen im frühesten Alter des Kindes mit dem Vorlesen. Andere tun es nicht, weil sie das Gefühl haben, dass sich das Kind dabei nicht wohlfühlt. Deshalb ist es wichtig, immer nur so viel vorzulesen, wie das Kind „ertragen“ kann. Achten Sie darauf, dass die Geschichte dem Kind auch tatsächlich gefällt. Am besten suchen Sie die Geschichte mit dem Kind gemeinsam aus. Dann kann gar nichts schiefgehen und mit der Zeit werden Sie die Vorlesezeit immer weiter ausweiten können. Der Tag wird kommen, das ist fast garantiert, an dem das Kind Ihnen vorlesen möchte.

„Das Kerzenlicht“

Wir alle kennen die beruhigende Wirkung eines Kerzenlichtes. Nutzen wir sie. Setzen Sie sich gemeinsam vor eine Kerze und beobachten Sie zusammen die Kerzenflamme. Was passiert, wenn die Kerze auf dem Tisch verschoben wird? Wie wirkt sich das flackernde Licht auf die Konzentration aus? Traut sich das Kind auch, die Kerze durch den Raum zu tragen – in einer feuerfesten Schale, die sich nicht erwärmt? Die Flamme darf natürlich nicht ausgehen. Eine Aufgabe, die die Konzentration sehr fördert.

„Nenne die Sache beim Namen“

Das Kind liegt mit geschlossenen Augen entspannt auf der Yogamatte oder dem Bett. Rufen Sie ihm ganz leise Wörter aus einem Themenbereich zu, den Sie beide zuvor vereinbart haben. Die Aufgabe des Kindes ist es, das Wort zu hören und zu wiederholen, egal wie leise Ihre Stimme ist und wo im Raum Sie sich befinden.

Dabei kommt die Stimme also von verschiedenen Seiten, in unterschiedlichen Lautstärken.

„Der tickende Wecker"

Verbinden Sie dem Kind die Augen und setzen Sie es in die Mitte des Raumes. Nun nehmen Sie einen tickenden Wecker und verstecken diesen im Raum. Das Kind muss ihn suchen. Hat es ihn gefunden, sind Sie an der Reihe, damit ein Anreiz für das Kind vorhanden ist.

„Kannst Du die Richtung erhören?"

Das Kind bekommt die Augen verbunden und sitzt in der Mitte des Raumes. Nehmen Sie nun einen möglichst großen Schlüsselbund (mit vielen Schlüsseln) und klimpern aus einer Ecke heraus. Das Kind soll nun, nach wie vor mit verbundenen Augen, in genau Ihre Richtung zeigen. Natürlich wechseln Sie sich bei diesem Spiel wieder ab. Sie werden sehen, es ist gar nicht so einfach, mit verbundenen Augen in der Stille zu hören und auch noch die richtige Richtung zu bestimmen.

„Kennst Du das Geräusch?"

Wieder hat das Kind die Augen verbunden. Ihre Aufgabe ist es nun, verschiedene Alltagsgeräusche zu kreieren. Das Kind soll es korrekt benennen. Etwa: Staubsauger anmachen, Föhn betätigen, den Kühlschrank öffnen, den Fernseher anstellen, die Haustür öffnen und schließen etc. . Für diese Aufgabe stehen Ihnen sehr viele Optionen offen.

„Den schlafenden Tiger wecken"

Erzählen Sie eine Geschichte, in die Sie Geräusche einbauen können. Der schlafende Tiger, also das Kind, lauscht der Geschichte und stört sich an keinem der Geräusche. Nur bei einem erwacht er und springt fauchend auf – bei dem echten Tigerknurren. Eine sehr gute Aufgabe für Väter und Opas, die nicht nur gerne Geschichten erzählen, sondern auch gerne mit Tigern rangeln. ABER, nach kurzem Gerangel legt sich der Tiger wieder hin und wartet auf das nächste, echte Tigerknurren. Dieses Spiel lieben auch die älteren Kinder sehr, da sie „endlich" wieder einmal mit den Eltern rangeln dürfen.

„Piep mal, Hänschen, Piep"

Dieses Spiel lässt sich am besten mit mehreren Kindern spielen. Ein Kind sitzt in der Mitte des Kreises und hat die Augen verbunden. Die anderen Kinder wechseln nun ganz leise ihre Plätze. Wenn alle wieder sitzen, fordert das Kind in der Mitte eines auf zu piepsen. Kann er es an seiner Stimme erkennen, darf es weiterraten. Erkennt es das piepende Kind nicht, so hat es noch zwei weitere Versuche, bevor es mit einem anderen Kind die Augenbinde wechseln muss. Natürlich wechseln bei einem neuen Kind die übrigen Kinder wieder ihre Sitzplätze.

„Ente, Ente, Gans"

Ja, viele werden nun sagen, dass dies ein Spiel für die ganz Kleinen wäre. Das stimmt aber gar nicht. Es ist nämlich gar nicht so einfach, das im Kreis herumschleichende oder auch rennende Kind zu bemerken und schon hat es einem auf den Rücken geklopft, sodass man selber am Rennen ist. Am besten spielt man dieses Spiel im Freien oder aber an einem großen Tisch mit viel Platz drumherum. Vorsicht bitte bei Fliesen als

Bodenbelag. Am besten tragen alle Stoppersocken, damit niemand verunglückt.

„Hase oder Hose"

Ähnliche Wörter raten ist bei diesem Spiel angesagt. Stellen Sie sich circa drei Meter von Ihrem Kind entfernt hin. Sagen Sie ein Wort eines ähnlich klingenden Paares. Diese sollten dem Kind bereits bekannt sein, beispielsweise „Hase oder Hose", „Bild oder bald", „halt oder kalt", „Nase oder Vase" und so weiter. Diese Wortpaare können Sie auch selber mit dem Kind zuvor erarbeiten. Dann können Sie sicher sein, dass das Kind auch genau weiß, um welche Wörter es sich bei dem Spiel handelt. Da man es sehr lange weiter spielen kann, wird die eine oder andere Spielstunde dabei vergehen. Der Wortschatz des Kindes wird schließlich immer größer.

„Schaust Du auch genau hin?"

Wie gut kennt Ihr Kind die Wohnung, das Haus, den Garten? Lassen Sie ihm einige Minuten Zeit, sich das Zimmer, in dem Sie sich gerade befinden, noch einmal genau anzuschauen. Es soll genau hinschauen! Nun schließt es die Augen und Sie fangen an Fragen zu stellen: Welche Farbe hat die Lampe? Wie viele Blumentöpfe stehen auf der Fensterbank? Welche Farbe haben die Kissen auf dem Sofa? Wie viele Bücher stehen im obersten Regal? Mal schauen, wie gut es sich Details einprägen kann.

„Kannst Du Veränderungen erkennen?"

Eigentlich ist es das gleiche Spiel wie bei Hase oder Hose, nur mit einer kleinen Änderung: Wieder schaut sich das Kind genau in dem Raum um und prägt sich alles ein. Dann wird es hinausgeschickt. Nehmen Sie schnell, aber leise einige kleine Veränderungen vor. So nehmen Sie etwa die Zeitungen vom Tisch und legen sie auf die Kommode, lassen ein Kissen vom Sofa verschwinden oder ziehen die Vorhänge zu. Lassen Sie sich etwas einfallen, was zwar eine Veränderung darstellt, aber immer noch zum normalen Einrichtungsstil gehört. Das Kind wird dann hereingebeten und soll diese Veränderungen finden. Mit der Zeit werden Sie immer raffinierter werden müssen, damit das Kind Ihnen nicht zu schnell auf die Schliche kommt. Natürlich kann dies durch alle Räume der Wohnung hindurch gespielt werden. So gibt es stets neue Herausforderungen.

„Kannst Du die Veränderung an mir erkennen?"

Das Kind soll Sie sich genau anschauen. Schicken Sie es hinaus und verändern Sie zwei oder drei Kleinigkeiten an Ihrem Aussehen. Nehmen Sie vielleicht die Brille ab oder setzen Sie die Sonnenbrille auf. Ziehen Sie eine Mütze auf und die Socken aus. Mal schauen, ob das Kind sich Ihr Aussehen tatsächlich eingeprägt hat.

„Wer kann es sein?"

Beschreiben Sie dem Kind jemanden aus der Familie, dem Freundes- oder Bekanntenkreis, den er eigentlich recht gut kennt. Am Ende der Beschreibung muss das Kind dann sagen, um welche Person es sich handelt. Mal schauen, wie gut es sich Personen und ihr Aussehen merken kann. Dieses Spiel kann auf jeden Fall auch mit älteren Kindern gespielt werden. Es kann sogar eine Freude sein, wenn man Personen, die es aus der

Schule oder einem Buch kennt, beschreibt und es diese auch tatsächlich wiedererkennt.

„Versteck spielen“

Hierbei handelt es sich nicht um das Versteck-Spielen mit Personen. In diesem Fall wird ein Gegenstand offen versteckt. Das bedeutet, dass dieser Gegenstand offen im Raum liegt, aber dort ganz bestimmt nicht hingehört wie etwa eine Rolle Klopapier auf dem Wohnzimmertisch. Dies ist natürlich sehr offensichtlich. Aber auch ein Paar Socken würde dort nicht hingehören, aber nicht ganz so offensichtlich ins Auge fallen.

„Der Frühstückstisch“

Decken Sie am Abend gemeinsam mit dem Kind den Frühstückstisch. Bevor Sie sich gemeinsam am nächsten Morgen zum Essen hinsetzen, bitten Sie das Kind, doch einmal zu prüfen, ob auch wirklich alles auf dem Tisch ist, denn Sie haben am Abend eine Tasse, einen Löffel oder die Marmelade wieder weggelegt. (Nicht an jedem Tag etwas wegnehmen, sonst macht dem Kind das Spiel keinen Spaß mehr.). Mal schauen, ob das Kind es bemerkt und unaufgefordert das fehlende Teil auf den Tisch stellen wird.

„Farben suchen“

Einigen Sie sich mit dem Kind auf die Farbe, die Sie an diesem Tag suchen wollen. Nun soll das Kind aufschreiben oder sagen, welche Gegenstände es in dieser Farbe in der direkten oder auch erweiterten Umgebung sehen kann. Dieses Spiel kann abgewandelt auch beim Autofahren gespielt werden, in dem zum Beispiel nur die roten Autos gezählt werden.

„Im Dunkeln / Dämmerigen sehen"

Zu diesem Zweck wird der Raum so gut wie möglich abgedunkelt. Nun wird in der Mitte eine zunächst größere, später kleinere Kerze angezündet. Was kann man nun noch im Raum erkennen? Das Kind soll die Gegenstände aufzählen, die es in diesem bisschen Licht noch sehen kann.

„Ich sehe was, was Du nicht siehst"

Dieses Spiel haben wir doch auch alle schon gespielt, als wir klein waren. Damit besitzt es mitsamt seinen Spielregeln immer noch Gültigkeit. Es kann eventuell auch schon mit jüngeren Kindern, aber ganz selbstverständlich noch mit den älteren gespielt werden.

„Erkennst Du das Tier?"

Die meisten Kinder besitzen das eine oder andere Stofftier oder Puppen. Verbinden Sie dem Kind die Augen und reichen ihm nacheinander verschiedene Stofftiere / Puppen. Es soll sie nur mit seinem Tastsinn erkennen.

„Diese Gegenstände kennst Du bereits."

Das Erkennen mittels des Tastsinns kann genauso mit Alltagsgegenständen durchgeführt werden, Zahnbürste, Hausschuhe, Sandale, Schal, Buch, Tasse usw.. Diese Übung kann sehr oft wiederholt werden. Diese Übung wie auch die Übung „Erkennst du das Tier" sollten einhändig durchgeführt werden.

„Beidhändig Dinge ertasten"

Diese Übung wird genauso durchgeführt wie die beiden letzten Übungen, nur dass dieses Mal beide Hände benutzt werden dürfen. Funktioniert das Erkennen jetzt besser oder bleibt es gleich?

„Oberflächen erkennen"

Wie fühlt sich die Oberfläche der unterschiedlichen Gegenstände an? Lassen Sie die Kinder viele Gegenstände erfühlen. Nicht nur der Gegenstand kann bei geschlossenen Augen erfühlt werden. Diesmal geht es vielmehr darum, wie sich die Oberfläche anfühlt: Glatt, rau, weich, hart, geriffelt, geschachtelt usw.

„Oberflächen erkennen 2"

Die Basis für den erweiterten Tastsinn ist durch Übung 30 gelegt. Aber nun stellt sich natürlich die Frage, welche Oberfläche sich besser, vielleicht sogar am besten anfühlt. Welches ist am wärmsten, welches am härtesten, welches am glattesten und so weiter. Verändern Sie dieses Spiel gerne nach Tagesverfassung.

„Riechen für Anfänger"

In der heutigen Zeit, insbesondere in den Städten ist das Riechen nicht mehr so ausgeprägt. Daher ist es für die Kinder wichtig, einzelne Gerüche erkennen zu können. Diese Übung kann sowohl mit den tatsächlichen, natürlichen Gegenständen wie Obst, Kräuter und Blumen durchgeführt werden, aber auch mit natürlich hergestellten, ätherischen Ölen. Achtung – Die Öle werden selbstverständlich nur vom Erwachsenen eingesetzt, das Kind darf lediglich daran schnuppern. Es geht hier ausschließlich ums Riechen, daher sind die Augen geschlossen oder mit einem Tuch verbunden. Am besten setzt sich das Kind auf die eigenen Hände, dann kann es nicht aus Versehen zugreifen. Schneiden Sie etwa einen Apfel auf und lassen das Kind schnuppern. Erkennt es den Geruch? Reiben Sie an einer Zitrone oder an einer Orange. Damit es nicht langweilig wird, kann man sich durch die gesamte Küche schnuppern. Aber auch Bücher können erschnuppert werden. Legen Sie mit dem Kind ruhig einen kleinen Schnupperkatalog an, damit es sich sicher innerhalb eines Bereiches bewegen kann.

„Wo ist die Duftquelle?"

Ein Taschentuch wird mit einem bestimmten Duft aus der Aromaapotheke beträufelt. Aber nur ganz leicht. Dieses wird nun in einem anderen Raum versteckt und muss vom Kind gefunden werden. Da nur ein einziger Tropfen vom Duftöl verwendet werden sollte, kann dies recht schwierig werden, da einige Düfte wirklich sehr fein, sehr leicht und oberflächlich sind. Andere, schwere Düfte, etwa Vanille, sind da einfacher zu finden. Probieren Sie pro Tag immer nur wenige Düfte aus. Anderenfalls kann es zu Kopfschmerzen aufgrund der Intensität der Düfte kommen. Nicht nur Kinder und Jugendliche reagieren vielfach sehr stark darauf. Es ist übrigens unwichtig, ob das Kind diesen Duft bereits vorher kennengelernt hat. Wichtig ist, dass er ihn aufnehmen und dadurch das Taschentuch finden kann.

„Die zwei Fährten"

Geben Sie zwei unterschiedliche Düfte und verstecken diese in zwei verschiednenen Zimmern. Welchen Duft wird das Kind wohl zuerst finden?

„Was duftet hier?"

Viele Alltagsgegenständen besitzen einen Eigenduft. Betrachten Sie mit den Kind viele dieser alltäglichen Gegenständen, lassen Sie es daran schnuppern. Nun bekommt das Kind die Augen verbunden und soll die Gegenstände nur an ihrem Duft erkennen. Eine spannende Übung und aufgrund der vielfältigen Alltagsgegenständen und ihren einzigartigen Gerüchen eine Übung, die sich oft wiederholen lässt.

„Kräuter erkennen"

Kräuter lassen sich auf unterschiedliche Weise erkennen. Zum einen natürlich an ihrem ganz persönlichen Duft. Zum anderen aber auch an ihrer Struktur. So kann das Kind die Kräuter auf zwei Arten erkennen: Einmal schnuppernd und einmal mit dem Tastsinn, der die einzigartige Struktur erkennen kann. Nutzen Sie Kräuter wie Rosmarin, Salbei, Thymian, Basilikum in frischer Form, damit Tasten und Riechen Hand in Hand miteinander gehen können. So wird der Thymian mit seinen kleinen Blättern überzeugen, Salbei mit seiner Blattstruktur ebenso wie der Rosmarin. Nicht nur die Konzentration auf die Kräuter wird gefördert, sondern auch das Wissen, das natürlich ebenfalls zu den einzelnen Kräutern, die ja auch in der Küche zum Einsatz kommen, gehört.

„Kannst Du Deinen Herzschlag fühlen?"

Atmen Sie mit Ihrem Kind einige Male tief ein und aus, um zur Ruhe zu kommen. Nun legen Sie Ihre Hand auf Ihre Brust und das Kind legt seine auf seine Brust. Ja, Sie werden beide die Bewegungen des Atems spüren. Und spüren Sie noch etwas anderes? Ein unterschwelliges „Bong-Bong"? Ja, da ist noch etwas anderes, das gegen Ihre Hand schlägt. Vielleicht können Sie ja Ihren Herzschlag gegenseitig erkunden. Wie wäre es, wenn das Kind die Herzschläge in der Minute mitzählt? Mal sehen, wer von Ihnen beiden einen höheren Herzschlag aufzeigt.

„Atmen"

Nun ja, vermutlich werden Sie nun denken, dass wir dies ja jeden Tag machen, andauernd. Aber es ist gerade bei Kindern mit Konzentrationsproblemen wichtig, dass sie nicht nur lernen, tief in den Bauch zu atmen. Dafür ist aber im Unterricht, wenn die Konzentration gerade absinkt, keine Zeit. Deshalb ist es wichtig, sich anders einer Atemübung bedienen zu können. In diesem Fall wird die Zunge an den Gaumen gelegt. Die Lippen werden leicht geöffnet. Nun atmet das Kind 10 Mal bewusst ein und aus. Dabei wird durch die Nase eingeatmet und durch den Mund ausgeatmet. Auf diese Weise gelangt der Sauerstoff sofort ins Gehirn und gibt der Konzentration wieder mehr Raum. Dies kann so oft wie es notwendig in einer Unterrichtsstunde angewandt werden, ohne dass der Lehrer es bemerkt oder man einen Klassenkameraden damit stört / ablenkt. Diese Übung kann selbstverständlich von Groß und Klein angewandt werden. Je früher man sie sich verinnerlicht, desto besser gelingt sie. Dies ist eine Übung, die man sein ganzes Leben einsetzen kann.

„Der Baumstamm und die Balance"

Nun ja, die wenigsten Familien werden einen Baumstamm in ihrem Wohnzimmer haben. Daher nehmen wir entweder ein Seil, ein langes Stück Wolle oder einfach nur einen langen Schnürsenkel. Zunächst wird „nur" eine gerade Linie gelegt, auf der das Kind entlang balanciert. Nur nicht auf den Fußboden treten. Natürlich können Sie aber auch alle anderen Formen legen: Schnecken, Vierecke, Kreise, Dreiecke usw.. Alle Formen werden nachgelaufen, mal langsam und vorsichtig, mal schnell und „mit vollem Risiko" danebenzutreten. Dann wird von vorn begonnen.

„Die Brücke verteidigen"

Ebenfalls auf dem Seil oder aber draußen (auch auf dem Seil) einer Bank oder einem Baumstamm kann die Brücke, die den reißenden Fluss überquert, verteidigt werden. Wer zuerst in den Fluss fällt – naja, wir wissen ja, was das bedeutet.

„Naseweis"

Haben Sie schon einmal versucht, von Ihrem Kind eine leere Streichholzschachtel mit der Nase übergeben zu bekommen und diese auch mit der Nase aufzunehmen? Gar nicht so einfach. Und damit nicht geschummelt wird, werden die Hände auf dem Rücken zusammengefaltet.

„Der Bücherlaufsteg"

Suchen Sie sich in der Wohnung die längste Strecke, die ungebrochen durchlaufen werden kann. Nun nimmt sich sowohl Ihr Kind als auch Sie ein Buch, legt es sich auf den Kopf und stolziert den „Laufsteg" entlang. Natürlich darf das Buch nicht herunterfallen. Bitte langsam beginnen und später gerne immer schneller gehen und nun auch Kurven einbauen. Neben der gestärkten Konzentration ist diese Übung auch fantastisch für eine gute, aufrechte Haltung. Die Hände können sich gerne bewegen, egal wie, aber sie dürfen das Buch nicht festhalten. Wer es sich zutraut, darf am Ende der Laufstrecke auch einen Knicks machen. Aber bitte – keine Verbeugung.

„Balance-Scheiben"

Genau genommen handelt es sich hierbei um ein Fitness-Gerät für Groß und Klein. Auch Erwachsene können hiermit ihre Konzentration steigern, indem Sie sich mit Hilfe Ihrer Konzentration die Balance, und auch die Körperaufrichtung optimieren. Für Kinder ist die Balance-Scheibe mehr ein lustiges Spiel. Mit Konzentration bringen sie sie noch nicht in Verbindung. Allerdings wird sich mit weiterführender Nutzung der Scheibe ihre positive Auswirkung schnell zeigen: Aufrichtung der Wirbelsäule, Stärkung der Muskeln.

"Stifte mit den Zehen aufheben"

Was wie eine ergotherapeutische Übung aussieht, ist nicht nur mit Körperkontrolle zu erreichen. Die Konzentration auf die entsprechende Muskelgruppe ist sehr wichtig, das werden gerade die Kinder merken, die nicht so viel Beweglichkeit in den Füßen aufweisen. Dennoch ist es oftmals nicht möglich, den Stift sofort, also gleich beim ersten Versuch zu erwischen.

„Stifte auf der Oberlippe balancieren"

Ja, dieses Spiel kennen wir von Kindergeburtstagen. Aber auch zur Stärkung der Konzentration ist diese Übung sehr geeignet. Denn sooo einfach ist diese Übung nun doch nicht.

„Der Turm von Babylon“

Heute wird mit Bauklötzen ein Turm so hoch wie möglich gebaut. Was am Anfang einfach erscheint, wird umso schwerer, desto höher der Turm gebaut wird. Und wenn Sie es noch weiter erschweren wollen, sollten Sie unterschiedliche Klötze verwenden. So kann der Schwierigkeitsgrad erhöht und damit eine höhere Konzentration abgerufen werden.

„Der einbeinige Storch“

Auf einem Bein stehen – ach, das ist doch einfach, werden nun viele sagen. Aber so einfach ist es dann doch nicht. Dabei werden übrigens die Arme zur Seite ausgestreckt. Wem der Einbeinstand zu einfach ist, der soll doch einfach einmal versuchen, dabei eine Matheaufgabe zu lösen oder einen kleinen Zungenbrecher aufzusagen. Na? Immer noch zu einfach?

„Den eigenen Standpunkt halten“

Hierzu sind zwei möglichst gleichgroße Kinder notwendig. Denn bei dieser Übung stehen sich die Kinder gegenüber und legen die Handflächen aneinander. Nun wird versucht, das andere Kind aus dem Gleichgewicht zu bringen. Dies wäre dann erreicht, wenn es einen Fuß an eine andere Stelle setzen muss. Erreicht wird dies mittels Drücken gegen die Handfläche des Gegenübers. Aber aber muss die Hand des „Gegners“ gedrückt, verschoben werden, damit dieser das Gleichgewicht verliert? Das gilt es herauszufinden.

„Weißt Du, was Du sagst?“

Sprechen Sie mit Ihrem Kind über den Tag. Sobald Sie das zuvor bereit gestellte Glöckchen läuten, wird genau das in einer Dauerschleife wiederholt, was gerade gesagt wurde.

„Puzzles 1"

Puzzles gibt es zu fast jedem Thema, in fast allen Größen und vor allem mit unterschiedlichen Teilchen-Anzahlen. Das Thema ist eine individuelle Entscheidung. Die Teilchen-Anzahl sollte den Fähigkeiten bzw. dem Alter angepasst werden. Sollte Ihr Kind vom Puzzle-Virus befallen werden, lohnt sich der Blick auf Flohmärkte, Ebay usw.. Dort finden Sie ausreichend Material, um das Kind zu versorgen.

Übungen und Spiele für 8-10-Jährige

Bedenken Sie bitte bei den Kindern dieser Altersstufe, dass sie bereits seit einiger Zeit in der Schule sind. So kann es durchaus passieren, dass sie einige Übungen und Spiele bereits aus der Schule kennen. Sollten sie aus diesem Grunde abgelehnt werden, ist das schon okay. Es gibt ja noch andere.

„In die Stille lauschen

Musik und Alltagsgegenstände": In der Stille können bewusst verschiedene Instrumente angespielt werden, die es dann zu erraten gilt. Wer keine Instrumente zu Hause hat, kann sich diesbezüglich anders helfen, indem er etwa Haushaltsgegenstände zu diesem Zweck anschlägt - einen Topf, ein Glas, einen Plastikbecher, das Sofa, den Stuhl, den Tisch, den Fußboden. Selbstverständlich lassen sich diesbezüglich viele Optionen im Haushalt nutzen. So auch ein Stück Papier, der Besen, der über den Boden gezogen wird, das Öffnen einer Schranktür und vieles mehr.

„Mandalas legen"

Wir haben schon über das Mandala-Malen gesprochen. Aber warum soll man nicht auch einmal ein Mandala auf einem weißen Tischtuch legen, sodass man das fertige Kunstwerk auch am Ende fotografieren kann, um es für eine weitere Betrachtung parat zu haben. Zum Legen von Mandalas können unterschiedliche Materialien verwendet werden - Farbkarten, farbige Papierschnitzel (die man zuvor selber anfertigen kann),

Knöpfe, farbige Wollfäden, Gegenstände des täglichen Lebens (eventuell mit Schwerpunkt Themen wie Küche, Schlafzimmer, Bad oder Garten). Für die Anfänge eignen sich zudem getrocknete Bohnen, Erbsen und Linsen, kleine Natursteine oder getrocknete Blätter. Auch mit Büchern kann man ein Mandala legen. Kann das Mandala in der vorgegebenen Übungszeit nicht fertiggestellt werden, so kann es hoffentlich auf dem Tisch bis zur nächsten Übungszeit liegen bleiben. So kann in Etappen daran gearbeitet werden, um dem Kind zu zeigen, dass es mit Geduld und Durchhaltevermögen etwas Großes schaffen kann. Um sich auf das Mandalalegen einzustimmen, kann eine ruhige, klassische oder meditative Musik hilfreich sein. Atmen Sie zusammen einige Male tief ein und aus, und schon kann es losgehen mit dem Legen.

„Auf Phantasiereise gehen"

Denken Sie sich für jeden Tag eine neue Phantasiereise aus. Starten Sie an einem Tag auf einer warmen Blumenwiese, an einem anderen auf einer hellen Feenlichtung. Bauen Sie Dinge aus der Natur in die Geschichte ein, Dinge, von denen Sie wissen, dass das Kind sie mag oder die es beruhigen. Achten Sie darauf, dass das Kind ruhig und tief während der Phantasiereise atmet. Dies erleichtert das Zuhören und vertieft die Konzentration. Beginnen Sie mit kurzen Reisen, circa 5 bis 10 Minuten. Je öfter Sie diese Übung machen, desto länger können auch die Geschichten werden. Vielleicht denken Sie sich die nächste ganz einfach zusammen aus. Schreiben Sie sie auf und so können Sie weiter daran arbeiten und sie immer wieder erleben.

„Hochstapeln"

Sind Sie ein guter und vor allem leiser Hochstapler von Tellern? Das Kind sitzt mit geschlossenen Augen hinter Ihnen, während Sie, ganz ganz leise, Teller übereinanderstapeln. Sollte das Kind einen Teller hören, wird getauscht. Dies kann natürlich auch mit Tassen, Keramikschüsseln und Töpfen durchgeführt werden. Mal sehen, wer am höchsten stapeln kann.

„Tonketten"

Eigentlich ist dies ein Spiel für mehrere Kinder oder zumindest mehrere Personen. Das erste Kind beginnt die Tonkette, indem es in die Hände klatscht. Das zweite Kind klatscht in die Hände und auch auf den Oberschenkel. Das dritte Kind klatscht in die Hände, auf den Oberschenkel und stampft auf den Boden. So wird die Tonkette immer weiter verlängert. Sind die ersten Töne noch leicht zu erinnern, wird es mit jedem weiteren Ton schwieriger.

„Ich packe mein Köfferchen"

Es ist ähnlich aufgebaut wie die Tonketten. Nur dass das Köfferchen für den Urlaub gepackt werden soll. Was nehmt Ihr also alles mit? Mindestens zwei Spieler sind für dieses Spiel notwendig. Je mehr es werden, desto lustiger kann sich das Spiel entwickeln. Allerdings ist auch immer mehr Konzentration gefragt.

„Bewusstes Stören"

Diese Übung ist ab dieser Altersstufe und natürlich auch für die Älteren gedacht, um die mittlerweile entstandene Konzentrationsfähigkeit zu überprüfen. Das Kind sucht sich für den Übungszeitraum eine Aufgabe aus, ein Mandala ausmalen, eine Geschichte lesen oder Matheaufgaben zum Lösen. Versuchen Sie bewusst, indem Sie lachen, über irgendetwas laut schimpfen oder zu singen anfangen (egal wie falsch man tatsächlich singt!), das Kind von seiner Aufgabe abzulenken. Eine gute Option zu schauen, ob man dem Ziel schon nähergekommen ist. Und sollte das Kind wütend reagieren, ist dies bitte auch als Fortschritt zu werten. Sicher – Sie haben es gerade aus der Konzentration gerissen. Aber es bemerkt es und ist darüber nicht erfreut. SEHR GUT! Im Übrigen ist dies eine Übung, die man nicht unbedingt ankündigen muss. Das erklärte Ziel ist natürlich, sich nicht ablenken zu lassen. Und wenn es klappt, hat sich das Kind mehr als eine Belohnung verdient.

„Das Hütchenspiel"

Sie nehmen 3 gleich aussehende Tassen und 1 Bonbon, welches unter eine der Tassen gelegt wird. Verschieben Sie nun die Tassen mehrfach, sodass keine von ihnen mehr am ursprünglichen Platz steht. Ob das Kind sich merken konnte, unter welcher Tasse sich das Bonbon befindet? Je besser es klappt, desto schneller verschieben Sie die Tassen, um den Schwierigkeitsgrad zu steigern. Vielleicht tauschen Sie einmal die Rollen und das Kind verschiebt die Tassen. Auch hierfür wird eine gewisse Konzentration benötigt.

„Farben-Stopp-Tanz"

Den Stopptanz kennen wir alle. Doch anstatt nur einfach beim Beendigen der Musik stehen zu bleiben, muss jeder eine Farbe berühren, auf die man sich zuvor geeinigt hat. Zuerst wird etwas Gelbes berührt. Dann ist nach einigen „gelben" Durchgängen Blau oder Rot dran. Eventuell muss die Wohnung / der Raum zuvor entsprechend mit farbigen Gegenständen präpariert werden.

„Was ist es? Euro oder Cent?"

Die Geldstücke, die wir täglich beim Einkaufen verwenden, haben eine unterschiedliche Größe, unterschiedliche Schriftzüge und Bilder. Wie sieht es aus? Kann das Kind mit geschlossenen Augen das Geldstück korrekt identifizieren?

„Ist es mein Obst?"

Das Kind erhält ein Stück Obst, etwa einen Apfel. Mit dem Tastsinn soll das Kind nun den Apfel „gut kennenlernen". Hat es sich ausreichend mit dem Apfel beschäftigt, wird dieser wieder zurück in die Obstschale, den Apfelkorb zurückgelegt. Kann das Kind „seinen eigenen" Apfel nun nur mittels des Tastsinns wiederfinden?

„Riechen für Fortgeschrittene"

Wir haben die Übung des „Erschnupperns" bereits bei der vorherigen Altersstufe gefunden. Erweitern Sie einfach den Geruchskatalog um diverse Düfte. So kann die Übung für Fortgeschrittene auch direkt in der Natur stattfinden. Riechen Bäume unterschiedlich? Kann man auf einer Blumenwiese einzelne Gerüche wahrnehmen?

„Kannst Du kochen?"

Viele Kinder lieben es mit ihren Eltern gemeinsam das Essen vorzubereiten. Je älter sie werden, desto mehr Arbeitsgänge können sie eigenständig bzw. unter den wachsamen Augen der Eltern übernehmen. Fangen Sie mit einfachen Dingen an wie Griesbrei, Pfannkuchen, Salate, Nudeln und Reis. Je nach Fähigkeiten und Interesse des Kindes kann dies mit der Zeit ausgeweitet werden. Bereits die Vorbereitungen für das Kochen bedarf großer Aufmerksamkeit und Konzentration. Daher ist es wichtig, das Kind am Anfang der Kochgelage nicht zu überfordern. Sonst ist der Spaß gleich wieder dahin. Die meisten Kinder sind extrem stolz, wenn sie ihre ersten Beiträge zum gemeinsamen Essen besteuern können.

„Pflanzenbestimmung auf der Wiese"

Jetzt wird es schwierig. Suchen Sie sich zunächst mit dem Kind einige Pflanzen aus, die Sie auf der Wiese finden wollen. Dies ist sowohl am Geruch als auch an der Struktur, dem Aufbau der Pflanzen möglich. An diesem Punkt sollten alle Sinne zusammenspielen: Riechen, fühlen, sehen, eventuell sogar schmecken. Diese Übung kann in jeden Spaziergang, auf jeder Fahrradtour eingebaut werden. Sie muss nicht allzu lange dauern. Ein paar Minuten reichen bereits aus, um die eine oder andere Pflanze entdeckt zu haben, die man vom Geruch, von der Struktur her bereits kennt. Kinder, die sich mehr für die Flora interessieren, werden durch diese kurzen Pausen aufgemuntert, eigenständig weitere Pflanzen zu suchen.

„Stadtgerüche"

Die älteren Kinder kennen sie bereits: Die Stadtgerüche. Handelt es sich beim „Stadtgeruch" um ein großes Ganzes oder kann man doch einzelne Gerüche ausmachen? Gehen Sie mit dem Kind durch die Straßen und schnuppern Sie beide? Nehmen Sie beide die gleichen Gerüche auf? Wie kann man sie beschreiben? Kennen Sie beide bereits alle Gerüche oder muss einigen auf die Schliche gekommen werden, um herauszufinden, worum es sich handelt? Wichtig ist hierbei, nicht nur festzustellen, dass man drei oder vier unterschiedliche Duftnoten wahrnehmen konnte. Es ist auch entscheidend, sie zu benennen – Abgase vom Auto, Abgase vom Mofa (Zweitakter-Duft), die Abluft einer Wäscherei und die eines Schnellimbisses, den Blumenladen um die Ecke, den Bäcker auf der anderen Straßenseite. Viele Düfte werden einen in der Stadt verfolgen. Aber wie heißen sie?

„Kannst Du Regen riechen?"

Nein, dann probieren Sie es doch gleich einmal bei dem nächsten Regen mit Ihrem Kind aus. Regen hat tatsächlich einen Eigengeruch. Schnee hat ihn aber auch. Und Schnee kann man sogar im Vorweg riechen, noch bevor die ersten Schneewolken zu sehen sind. Glauben Sie nicht? Mal schauen, ob Ihr Kind Sie eines Besseren belehren kann.

„Häkeln"

Ob Sie es glauben oder nicht – oftmals sind die Jungens in dieser Disziplin besser als die Mädels. Grundsätzlich aber kann es natürlich nicht schaden, wenn die Jungs diese Form der Handarbeit genauso beherrschen wie die Mädchen. Aller Anfang ist schwer und ohne Konzentration nicht zu meistern. Leider wird Handarbeit nicht in allen Grundschulen angeboten.

„Nähen“

Es ist selbstverständlich das Nähen mit der Hand gemeint. Um mit der Nähmaschine zu nähen, sollten einige Basispunkte per Hand erlernt worden sein. In vielen Schulen wird in der dritten Klassenstufe ein Püppchen genäht. Allerdings wird nicht wirklich auf eine gute Ausführung geachtet. Man lässt die Kinder machen. Die Feinarbeit wird wieder einmal zu Hause erledigt.

„Zungenbrecher“

Vielfach werden sie mit Begeisterung in der Schule behandelt. Oftmals aber kann man feststellen, dass dort eher die „einfachen“ Zungenbrecher gelernt werden. Diese können natürlich zu Hause wiederholt werden. Aber gibt es da nicht eine Steigerung? Achtet bitte dabei auf jedes Wort. Nur wenn jedes einzelne Wort stimmt, dann stimmt es auch mit der Konzentration.

„Zeichne Gehörtes“

Das Kind hat sich mit Zeichenpapier und Stift vorbereitet. Jetzt kommt der zu zeichnende Satz „Das grüne Haus vor dem großen Baum ist an einem kleinen Fluss gelegen. Neben dem Haus stehen ein rosa Auto, ein schwarzes Fahrrad und ein regenbogenfarbenes Gartenhaus. Die Sonne scheint.“ Und nun los – das Kind zeichnet genau das, was in diesem Satz alles vorkommt. Kann es sich an alle Details erinnern?

„Erweitere den Satz“

Ähnlich dem „Ich packe mein Köfferchen“ wird auch dieser Satz von einer Person zur anderen weitergegeben und immer um einen weiteren Punkt verlängert.

„A. Das ist das Haus. B. Das ist das Haus der Mutter. C. Das ist das Haus der Mutter des Kindes. D. Das ist das Haus der Mutter des Kindes mit der roten Schleife. Und so weiter. Sobald ein Teilnehmer den Satz durcheinanderbringt, wird ein neuer Satz in den Umlauf gebracht.

„Lügengeschichten“

Nein, Eltern lügen ja nicht. Aber manchmal machen sie einfach Fehler beim Erzählen einer uralten Geschichte. Sobald das Kind einen Fehler findet, meldet es sich und benennt den Fehler. Also aufgepasst.

„Neue Märchen“

Nein, eigentlich sind sie nicht neu. Aber irgendwann werden auch schöne Märchen langweilig werden. Wie wäre es, wenn Sie gemeinsam mit dem Kind oder auch das Kind alleine, die Märchen neu erfinden würden? Bauen Sie neue Details ein oder vielleicht ist Rotkäppchen auch gar nicht alleine im Wald unterwegs, sondern mit ihrer besten Freundin, die sie schon seit dem Kindergarten kennt und ...

„Knobeln“

Knobelaufgaben gibt es unzählige. Sie sind zu Büchern zusammengefasst und füllen ganze Internetseiten. Nutzen Sie diese Aufgaben. Erstens machen Sie zusammen viel Spaß und zweitens sind sie nicht nur für die Konzentration gut. Sie sind auch für die Schaffung neuer Verbindungen im Gehirn sehr gut geeignet. Knobeln Sie also mit Ihrem Kind, bis die Köpfe rauchen.

„Puzzles 2“

In diesem Alter könnte man mit 3-D-Puzzles beginnen. Sie sind zunächst eine kleine Herausforderung. Hat man den Dreh aber erst einmal heraus, möchte man nur noch eines: Das Puzzle beenden, um sich dann das nächste aussuchen zu können.

„Die Hälfte fehlt“

Sie kennen sicherlich diese Ausmalbilder, bei denen die Hälfte fehlt. Richtig, bevor das Kind das Bild ausmalen kann, muss es zunächst die fehlende Hälfte aufmalen. Da es sich in diesem Fall um gespiegelte Bilder handelt, sollte es ja bald mit dem Ausmalen losgehen können, nicht wahr?

„Malen nach Zahlen“

Malen nach Zahlen gibt es in unterschiedlichen Schwierigkeitsgraden, für verschiedene Altersklassen. Allerdings ist es sehr gut, dass auch beim Malen nach Zahlen sehr viele Themenbereiche abgedeckt werden und es ist das „echte“ Malen nach Zahlen gemeint, also das auf dem Papier. Auch als App sind viele Varianten dieses Spiels erhältlich. Allerdings sind diese nicht so wirkungsvoll wie das Malen auf dem Papier.

„Zwillinge finden“

Nein, hier geht es nicht um Memory. In einer Bilderreihe mit vermeintlich gleichen Bildern sollen die „echten“ Zwillingspaare herausgesucht werden. Viele Vordrucke sind im Internet zu finden. Doch gibt es auch ganze Blöcke mit entsprechenden Aufgaben. Diese Aufgabenzettel können also immer mal wieder zur

Auflockerung der Hausaufgaben beispielsweise eingeworfen werden.

„Die richtige Tierbewegung"

Jeder kennt bereits viele heimische Wildtiere und natürlich auch die landwirtschaftlichen Tiere sowie die gängigen Haustiere. Doch wie nennt man es, wenn sich ein Tier bewegt. Die Aufgabe – finde das richtige Verb für die Bewegung und verbinde den korrekten Satzanfang über das Verb mit dem Satzende. Es ist klar, dass auf der vorhandenen Liste alles durcheinander ist. Der Satzanfang ist ganz oben, das Verb ganz unten und das Satzende hängt in der Mitte des Zettels herum. Das muss dann wohl sortiert werden.

„Wo sind sie hin, die Rechenzeichen?"

So viele Matheaufgaben, aber wo sind nur die Rechenzeichen hin? Kann das Kind sie wieder einsetzen? Mit Aufgaben, die den Fähigkeiten und dem Wissen des Kindes entsprechen, kann diese Aufgabe sowohl früher als auch später ebenso eingesetzt werden.

Übungen und Spiele für 11-13-Jährige

In diesem Alter kommen die Kinder an einen Punkt, wo sie nicht mehr wie „die Kleinen“ behandelt werden wollen und daher sind verschiedene, bekannte Übungen nicht mehr hoch im Trend. Neue Übungen müssen her, um die Mitarbeit des Kindes garantieren zu können. Eine Aufgabe, die gar nicht so einfach ist – in der Vorpubertät.

Grundsätzlich sollte man in diesem Alter darüber nachdenken, ob man die Konzentration nicht auch mit Hilfe einer Sportart steigern könnte. Hierzu eignen sich neben dem Yoga auch die verschiedenen Selbstverteidigungsdisziplinen. Die meisten werden selbstverständlich auch bereits für jüngere Kinder angeboten, meist ab einem Alter von 5 oder 6 Jahren. Selbstverteidigung sollte allerdings im Kindesalter noch nicht mit der Selbstverteidigung für Erwachsene gleichgestellt werden, denn die Kinder müssen erst einmal verstehen, worum es genau geht und gleichzeitig die Übungen erlernen. Die Kombination aus Geisteshaltung und Übung ist genau der Punkt, der die Konzentration des Kindes erfordert, um nicht das Wichtigste zu verpassen.

„Riechen für Pubertiere“

Gerade in diesem Alter beginnt das Kind, sich auch um sein hygienisches Wohl selber zu kümmern. Prima, damit stehen einem weitere Düfte zur Verfügung, etwa Duschgels, Parfüms oder After Shaves, Zahnpasten, Seifen und so weiter. Kann es wirklich die

unterschiedlichen Marken erschnuppern? Dies geht, besonders interessant für die Mädchen, auch mit Make-up. Denn jedes hat seinen besonderen Eigenduft.

„Kochen und Bewirten"

Haben Ihre Kinder schon über einen längeren Zeitraum beim Tischdecken, -abräumen und Kochen bzw. den Vorbereitungen helfen dürfen? Dann ist es jetzt an der Zeit, dass sie für eine vollständige Essenszeit verantwortlich sind und sowohl die Vorbereitung als auch das Kochen selber übernehmen. Vielleicht kommt die ersten Male Spaghetti mit Tomatensoße dabei heraus. Vielleicht aber auch „nur" ein Rohkostsalat. Seien Sie gnädig und freuen Sie sich über diese Hilfe. Sicher – Sie dürfen ein wachsames Auge auf die Küche haben. Aber lassen Sie das Kind ruhig machen. Wenn es Fragen hat, wird es schon kommen. Wenn etwas daneben geht, ist es auch kein Problem. Im schlimmsten Fall wird das Kind lernen, wie schnell mit einer Packung Toastbrot, ein wenig Aufschnitt und Butter improvisiert eine fantastische Brotzeit auf den Tisch kommt. Wichtig ist, dass bei dieser Aufgabe keine Medien zur Ablenkung zur Verfügung stehen. Damit werden viele Fallstricke für Flüchtigkeitsfehler aus dem Weg geräumt.

Welches Glas wird wofür verwendet?

Sie kennen diese Übung vielleicht aus dem Knigge. Nicht jedes Glas kann für jedes Getränk verwendet werden. Wehe, der Rotwein landet im Weißweinglas oder gar im Sektglas. Es ist eine gute Konzentrationsübung, sich die Unterschiede der Gläser einzuprägen und die Getränke zuzuordnen. Nein, keine Angst – dies ist keine Aufgabe für einen einzigen Tag. Es können problemlos einige Tage oder gar Wochen zwischen den einzelnen Übungstagen vergehen. Dann kann das Kind sich gleich selbst überprüfen, ob sich die Unterschiede festsetzen konnten oder nicht. Zudem erhält es ein Wissen, das es später auf jeden Fall gebrauchen kann.

„Puls fühlen"

Diese Übung ist sogar noch eine wichtige, praktische Anleitung, denn es kann nicht schaden, den eigenen Puls per Hand kontrollieren zu können. Einmal kann er am Handgelenk, in direkter Verlängerung des Daumens gefühlt werden. Zudem kann er aber auch an der Halsschlagader ertastet werden, seitlich am unteren Kieferrand. Wer kann mitzählen? Es werden entweder 15, 30 oder 60 Sekunden für die Zählung zugrunde gelegt.

„Der Baum"

Beim Baum handelt es sich um eine Figur aus dem Yoga. Dabei stellt man sich bequem auf ein Bein, hebt den anderen Fuß so hoch, dass er am Sprunggelenk oder sogar am Knie antippt. Die Arme werden zeitgleich über den Kopf gehoben, sodass sich die Handinnenflächen berühren. Es ist nicht einfach, aber mit der Zeit wird es. Hier ist Konzentration gefragt, um nicht umzufallen. Je besser die Konzentration, desto besser wirkt sich dies auf das Gleichgewicht aus. Und irgendwann kann der Fuß dann nach oben an die Leiste gehoben werden. Zu Beginn jedoch kann der Fuß gerne an das Sprunggelenk getippt werden. Alles andere kommt von allein. Es genügt vollkommen, zunächst nur einen kurzen Moment in dieser Pose zu verharren.

Steigerung kommt dann bei den nächsten Übungsmomenten zum Tragen.

„Yoga"

Grundsätzlich eignen sich alle Übungen des Yoga zur Steigerung der Konzentration.

„Tai Chi"

Diese chinesische Bewegungsmeditation ist genau genommen eine Mischung aus Meditation und einer Selbstverteidigungstechnik. Dieser Effekt ist für die Kinder jedoch nicht wichtig. Wichtig ist, dass sie lernen, ihre Konzentration zu nutzen, um den Fokus zu setzen und Kräfte zu kanalisieren. Nein, wer nicht selber in dieser Kunst bewandert ist, sollte sich eine Tai-Chi-Schule suchen, die die Kurse auch für Kinder / Jugendliche anbietet. Als angenehmer Nebeneffekt wird das Kind eine gute Körperbeherrschung und eine sehr gute Haltung aus den Übungen mit nach Hause nehmen.

„Qi Gong"

Diese Bewegungsmeditation weicht vom Tai Chi nicht nur in den Formen, sondern auch in der Intensität ab. Dennoch gelten die gleichen Grundsätze für die positiven Auswirkungen auf die Kinder und Jugendlichen. Beide Methoden werden oftmals bereits für Kinder ab 5 – 6 Jahren angeboten.

„Wortreihen 1"

Bei dieser Übung geht es darum, das falsche Wort in der Wortreihe zu finden. Beispiel: Mutter-Tante-Tochter-Onkel-Großmutter. Oder Norwegen-USA-

Australien-Verkehrsinsel-Italien. Oder hart-weich-blubbern-kreisförmig-eckig. In diesem Bereich gibt es einfach unzählige Möglichkeiten.

„Wortreihen 2"

Hier ist es diesmal angedacht, die Wortreihe weiterzuführen. Beispiel: Mutter-Tante-Tochter-Nichte-? (Großmutter). Oder Norwegen-USA-Australien-China-Italien. Auch hier sind die Möglichkeiten unendlich.

„Sudoku"

Viele Kinder lieben dieses Denkspiel. Kaufen Sie am besten gleich einen ganzen Block mit Sudoku-Kästchen oder suchen im Internet eine entsprechende Seite, auf der täglich neue Sudokus eingestellt werden.

„Kreuzworträtsel 1"

Kreuzworträtsel gibt es eigentlich schon für die ganz Kleinen. Doch sollen sie hier aufgeführt werden, da sie dem Pubertierenden nicht nur bei der Konzentration helfen. Sie fördern und fordern auch das Allgemeinwissen, das ab dieser Altersstufe immer wichtiger wird.

„Kreuzworträtsel 2"

Kreuzworträtsel gibt es in unterschiedlichen Sprachen. Sie sind als Buch zu kaufen, etwa in Englisch, Französisch und Spanisch. Aber es gibt sie natürlich auch im Internet. 10 Minuten pro Tag und die Sprache sitzt. Wetten? Es ist wichtig darauf zu achten, dass der Schwierigkeitsgrad dem Können / Wissen des Kindes entspricht, um Frust zu vermeiden. Mitunter gibt es auch entsprechende Rätselhefte für die Ferien für die unterschiedlichen Schulbücher. Sprechen Sie diesbezüglich mit dem Lehrer oder suchen Sie auf der Homepage des Verlages.

„Nähen 2"

Jetzt kann es langsam mit der echten, guten Nähmaschine von Mutti losgehen. Jetzt können die ersten T-Shirts, Umhänge, Umhängetaschen und natürlich sonst alles, was es für den Kleiderschrank oder die Box mit Geschenken für die Familie bedarf. Selbstgenähte Dinge sind fantastisch und zeigen der Person, dass man sich Gedanken gemacht hat. Nicht nur beim Nähen selber, sondern auch beim Zuschneiden und Vorbereiten des Stoffes ist Konzentration angesagt. Sonst geht es schief.

„Auseinandergerissene Wörter"

Wir alle kennen zusammengesetzte Wörter. Doch können wir sie auch wieder zusammensetzen, wenn jemand sie nicht nur getrennt, sondern auch noch durcheinandergebracht hat? Das kann manchmal ganz schön knifflig sein. Da braucht es manchmal eine Eselsbrücke, um Beispiel: Schnee / Regen / Schirm, Puppen / Haus / Tier. Viele Wortgruppen lassen sich hierdurch erstellen.

„Das verbotene Wort" oder „Tabu"

Dieses Spiel ist auch ganz gewöhnlich im Handel erhältlich. Gerade bei Kindern mit Konzentrationsstörungen kann es eine große Hilfe sein. Fängt man klein an, so ist das verbotene Wort „Ja" oder „Nein". Sie werden schnell sehen, dass es nicht nur den Kindern schwerfällt, dieses Wort nicht zu gebrauchen. „Hast Du heute zu Mittag gegessen?" – „Ich habe Nudelsuppe gegessen." (die Intention zum einfachen "Ja" ist extrem groß.) Es sind gerade die einfachen Fragen, die die korrekte Antwort so schwer machen. Man muss wirklich höllisch aufpassen.

„Malen nach Zahlen"

Natürlich ist diese Disziplin nicht nur für diese Altersgruppe geeignet. Allerdings gibt es gerade für sie fantastische Motive, weshalb diese Übung hier noch einmal aufgeführt werden soll. Sie sind teilweise so schön, dass man sie sich tatsächlich rahmen und zu Weihnachten in der Familie verschenken kann.

„Sticken"

Sticken kann als Kombination von „Malen nach Zahlen" und „Stricken / Häkeln" angesehen werden. Und NEIN, es ist nicht nur für alte Tanten und Omas gedacht. Eigentlich kann jedes Motiv auf den Stoff gestickt werden. Als Alternative kann geknüpft werden.

„Makramee"

Die Kunst des Knotens ist eigentlich etwas sehr Schönes. Nicht nur Blumenampeln und Eulen-Wandbilder lassen sich gestalten. So einiges kann eigenhändig gefertigt werden. Zudem schult es sehr gut die Feinmotorik.

„Wesentliches erkennen"

Diese Übung ähnelt einigen Aufgaben, die Unternehmen auch in Einstellungstests verwenden. Es geht darum genau die Buchstaben, Zahlen oder Wörter einzukreisen, die vorgegeben sind. Das Schwierige an der Aufgabe ist, dass sich Buchstaben, Zahlen oder Wörter ohne Punkt und Komma aneinanderreihen. Dies ist nicht ganz einfach, aber mit ein wenig Übung macht es sogar großen Spaß. Ein Beispiel: Suche die Zahl 1.

1990293877431548390235762910473651 7
384953263493027777 1 usw.

Schlusswort

Konzentrationsstörungen beim Kind – Sie sind in jeder Hinsicht kein einfaches Problem, bis zu einem bestimmten Punkt aber vollkommen normal. Die Kunst ist es zu erkennen, ab wann die Konzentrationsprobleme eine ernsthafte Störung darstellen. Es ist immer notwendig, dass die Eltern das Kind bei dieser Problematik zunächst gut beobachten und mit Lehrern und Betreuern Rücksprache halten, denn es gibt unterschiedlichen Abstufungen, von denen nicht alle professionelle Hilfe benötigen. Vieles kann eigenständig mit den Übungen und Spielen, die Sie in diesem Ratgeber kennengelernt haben, behoben werden. Diese Vorgehensweise ist immer einen Versuch wert. Doch sollte man sich eingestehen, wenn man Konzentrationsstörungen auch mit gemeinsamen Anstrengungen nicht in den Griff bekommt.

Damit wenigstens der heimische Frieden aufrechterhalten werden kann, ist die Hilfe von kompetenten Fachleuten mitunter die beste und einzige Idee, die fruchten wird. So können sich die Profis um das Kind kümmern. Die Eltern hingegen sind genau das, was sie in diesem Moment sein sollen – der Rückhalt, die Geborgenheit und das Verständnis. Mehr brauchen die Kinder in diesem Moment von ihren Eltern gar nicht. Dass diese sich bestmöglich um das Kind kümmern, sieht man daran, alle Hebel betätigt werden, um dem Kind die Entwicklung zu ermöglichen, die es verdient.

Noch eines, liebe Eltern! Natürlich möchten wir, dass unser Kind perfekt ist. ABER: Perfekt ist bei jedem

Menschen etwas anderes. Daher die eindringliche Bitte: Bleiben Sie zunächst einmal gelassen und gehen mit Hilfe dieses Ratgebers behutsam mit dem Kind um. Viele dieser Übungen / Spiele sind sehr lustig und machen einfach Spaß. Probieren Sie es also erst einmal auf die angenehme, lustige Weise. Vertrauen Sie darauf, dass die gemeinsamen Bemühungen fruchten werden. Sollten sie dies nicht, stehen wie erwähnt, immer noch die Fachleute – Ärzte, Therapeuten – zur Seite, die ein weiteres Behandlungs- und Übungsrepertoire zur Verfügung haben.

Denken Sie immer daran, dass die Kinder sich nicht absichtlich in dieser Situation befinden und deshalb gilt wie immer Eines: Liebe, Rückhalt und Geduld sind die beste Medizin, die Kinder von Ihnen zu jedem Zeitpunkt erhalten können.

Impressum

Herausgeber:
Jan Stoll
Oskar-Schindler-Weg 16
73079 Süßen
Deutschland

Cover
Lauria (fiverr) | depositphotos.com

Cover Stockimages (Urheber)
Yaruta | depositphotos.com

Logo
prdaku (fiverr)

Raum für Ihre Notizen:

Printed in Poland
by Amazon Fulfillment
Poland Sp. z o.o., Wrocław

84899268R00081